JN096520

すっきりわかる!

技能実習と特定技能の外国人受け入れ 労務トラブル対応

藤井 恵
松本 雄二 共著
軽森 雄二

税務研究会出版局

はじめに

日本の少子高齢化や労働力不足を背景に、自社の従業員として外国人の受け入れを希望する企業が増えています。

厚生労働省の外国人雇用届状況によると 2019 年 10 月末現在、日本の外国人労働者数は 1,658,804 人であり、年々増加しています。なかでも「技能実習」は 383,978 人（構成比 23.1%）前年比 24.4%と大幅に増加しました。

また、2019 年にスタートした特定技能の在留資格を保有する外国人を、政府は最大 34 万 5 千人受け入れるとしています。特定技能の在留資格の外国人はまだまだ少ないですが、今後この在留資格が当初の予定通り増加すれば、今後、日本の労働市場を支える外国人のかなりの部分が、技能実習生と特定技能の在留資格の保有者になるといっても過言ではありません。

しかし、これらの在留資格を保有する外国人材の受け入れにあたっては、技術･人文知識･国際といった在留資格での受け入れに比べて、所轄官庁に提出する必要がある書類が非常に多く、業務面だけでなく生活面においての多大なサポートを行う必要がある等、受入企業側の負担が非常に大きいのが特徴です。

そこで本書は 2019 年３月に税務研究会より発刊した『海外赴任・出張　外国人労働者雇用˜税務と社会保険・在留資格・異文化マネジメント』の姉妹シリーズとして、「技能実習」と「特定技能」の在留資格で日本で働く外国人に焦点を絞り、採用から退職までについてまとめています。2019 年７月に発行した初版に、ここ１年で変更になった箇所を反映しています。

執筆にあたっては実際に外国人技能実習生（以下、技能実習生）の受け入れに関して豊富な実績があり、日々技能実習生や実習実施企業、所轄官庁と接点を持ち、現場の最前線に立たれている経営・労働協会様と共に、技能実習生を受け入れる企業が知りたいポイントや気を付けるべき点についてＱ＆Ａ方式でわかりやすく解説しました（なお、特定技能についてはまだ始まったばかりの在留資格であることから、実務に即した情報提供が難しいため、監督官庁が発表した資料に基づいた内容となっています）。

本書執筆にあたりいろいろとご指導いただきました税務研究会の上野恵美子様および、取材に応じてくださった企業のみなさまに心より感謝いたします。また、本書籍執筆開始にあたっての取材や情報収集に途中まで携わって下さった安念隆久様にも感謝の意を表したいと思います。

本書が外国人社員を受け入れる企業のみなさまおよび日本で働く外国人のみなさまにとってお役に立つことができましたら幸いです。

2020 年 6 月

藤井　恵

本書の構成（イメージ）

1. 受け入れに際して知っておくべきこと　《Q1-1 ～ Q1-9》

（受け入れ方法、受け入れ人数、職種、期間、優良基準適合者、賃金レベル、

2. 技能実習生の受け入れ検討から実習修了後の帰国まで

【A】監理団体との契約～受け入れ人員選定まで

《Q2-1 ～ Q2-5》P.40 ～ P.49

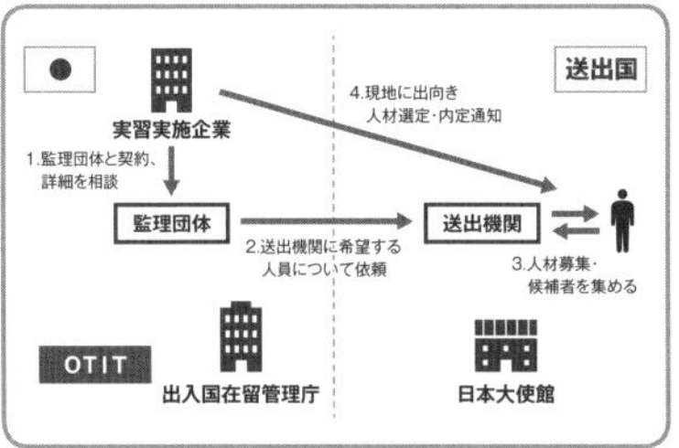

【B】在留資格手続き～査証発給まで

《Q2-6》P.52

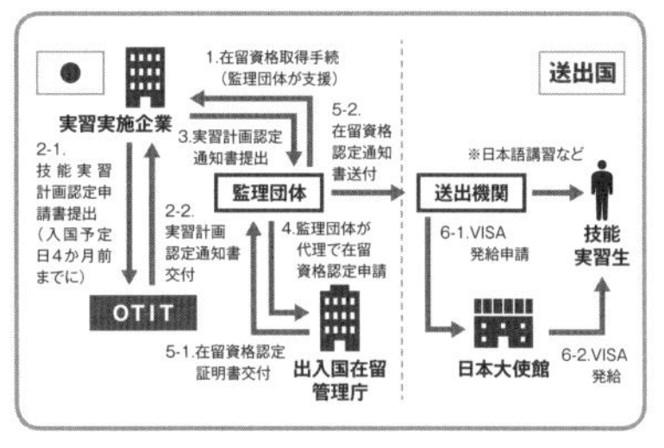

【E】入社当日の流れ

《Q2-11 ～ Q2-13》P.68 ～ P.71

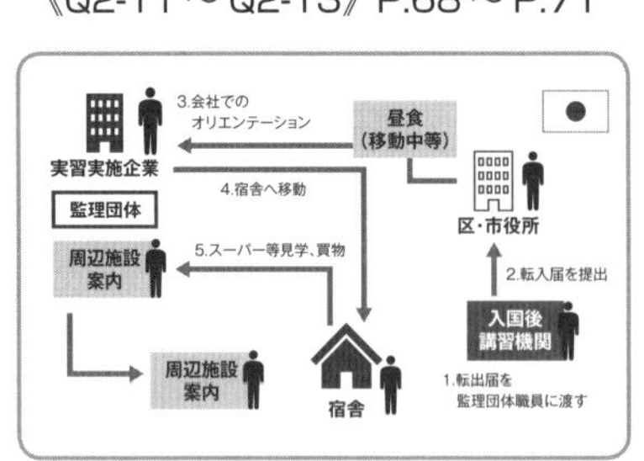

【F】実習期間中／実習中の各種トラブル

《Q2-14 ～ Q2-27》P.74 ～ P.108

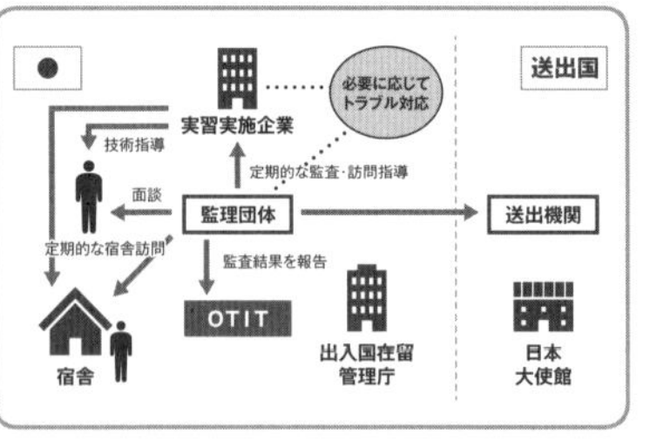

3. 特定技能　《Q3-1 ～ Q3-15》　P.142 ～ P.183

（技能実習との違いと関連性、１号と２号の相違点、受け入れ方法・要件、

P.08 ～ P.34

生活全般）

【C】企業側での
技能実習生受け入れ手続き

《Q2-7 ～ Q2-9》P.55 ～ P.60

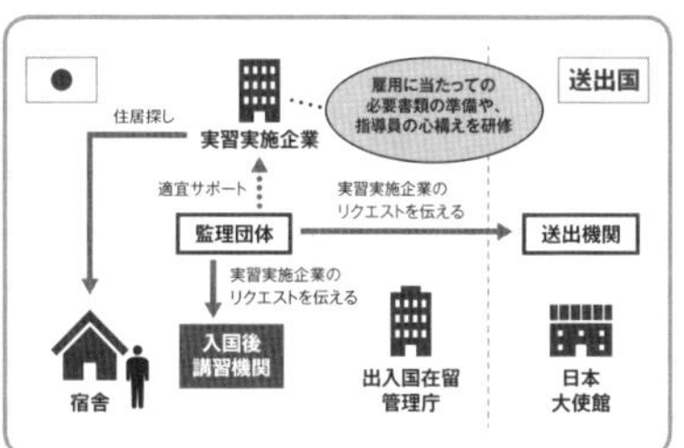

【D】入国～入社当日まで

《Q2-10》P.65

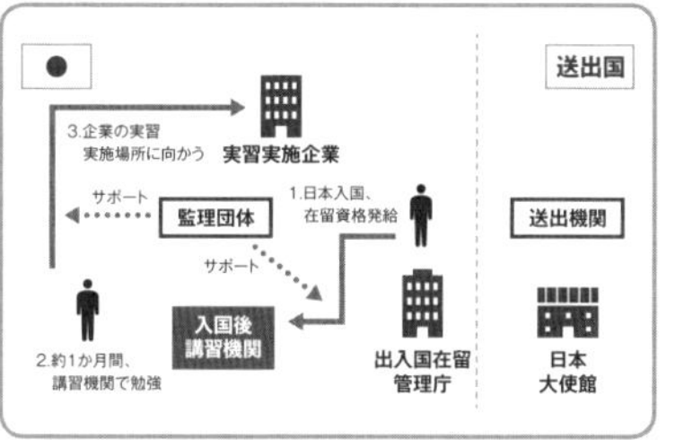

【G】技能実習生の失踪

《Q2-28 ～ Q2-29》P.110 ～ P.112

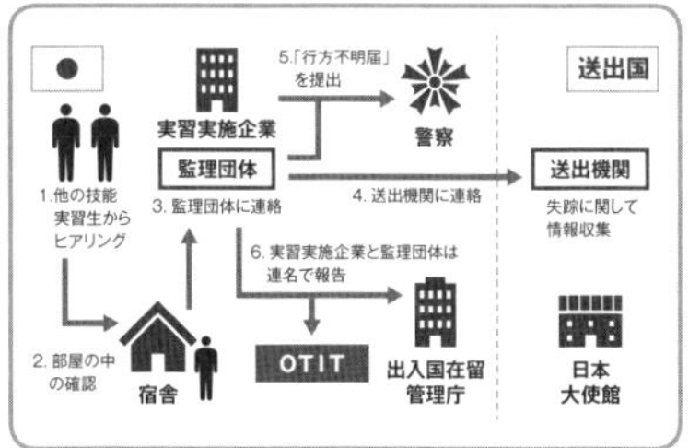

【H】帰国時／退職時の処理

《Q2-30 ～ Q2-35》P.116 ～ P.131

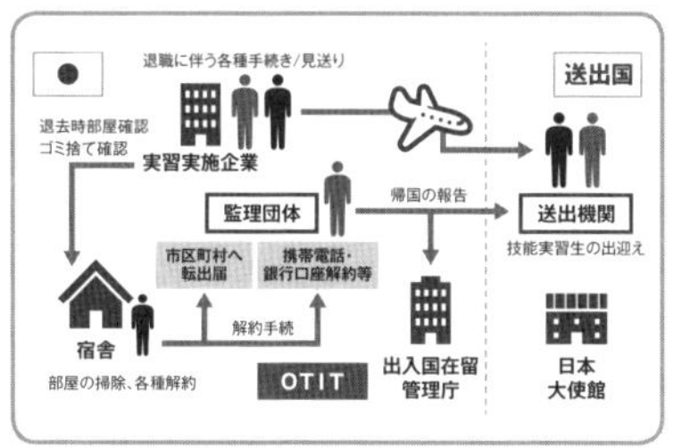

【I】新型コロナウイルス感染症対策による実習生への対応
《Q2-36 ～ Q2-42》P.134 ～ 140

外国人支援計画、各種届出、罰則規定、ほか）

目次

1 受け入れに際して知っておくべきこと

2 技能実習生の受け入れ検討から実習修了後の帰国まで

3 特定技能

受け入れに際して知っておくべきこと

1

1-1

技能実習生受け入れの背景と技能実習生側の事情

他社はどのような経緯で技能実習生の受け入れを検討するのでしょうか。
また、どのような国からの受け入れが多いのでしょうか。技能実習生の実態について教えてください。

A 技能実習生受け入れの趣旨は「技能、技術、知識の移転を図り、開発途上国の経済発展を担う『人づくり』」であり、技能実習の基本理念の一つとして「労働力の需給の調整の手段として行われてはならない」と明記されています。

しかしながら、実際には以下【図表 1-1-1】からもわかるとおり、「労働力不足を補うため」「日本人従業員が雇用できないから」などの理由で受け入れを行っている企業が大半です。

1. 技能実習生受け入れの理由

～建前は国際協力、実態は人手不足企業による労働力の確保

（独）労働政策研究・研修機構（略称：JILPT）の「企業における外国人技能実

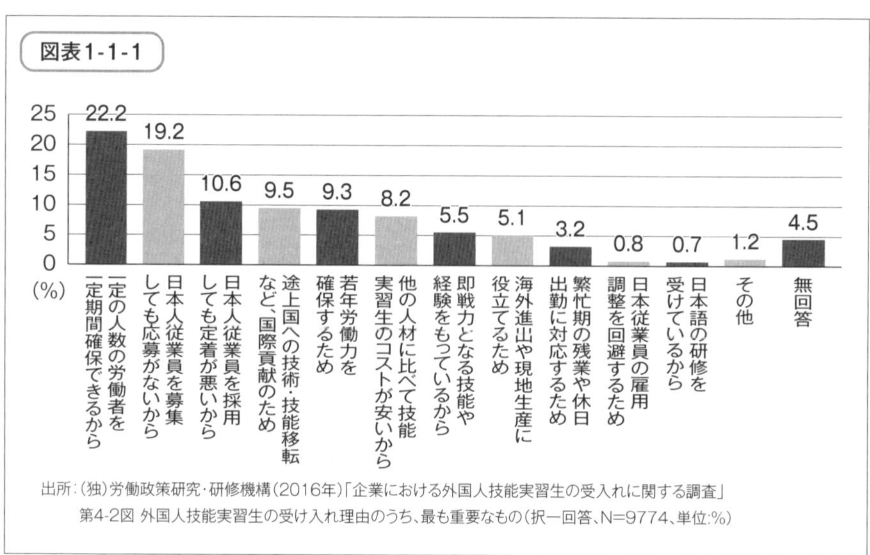

出所：（独）労働政策研究・研修機構（2016年）「企業における外国人技能実習生の受入れに関する調査」
第4-2図 外国人技能実習生の受け入れ理由のうち、最も重要なもの（択一回答、N=9774、単位:%）

習生の受入れに関する調査」によりますと、技能実習生を受け入れるもっとも重要な理由は【図表 1-1-1】の通り、「一定の人数の労働者を一定期間確保できる」「日本人従業員を募集しても応募がないから」「日本人従業員を採用しても定着が悪いから」等で、本来の目的である「途上国への技術・技能移転など国際貢献のため」は４位となっており、現実には「人手不足企業における労働力の供給手段」になっています。ここをどのようにして制度の趣旨に合わせて活用していくかが受け入れのポイントになります。

2. 技能実習生側の事情

(1) 技能実習生の多い国
～ベトナムからの技能実習生が多い

以前は中国からの技能実習生が大半を占めていましたが、現在はベトナムからの技能実習生が大半となっています。

図表1-1-2　国籍別在留技能実習生数の年次推移

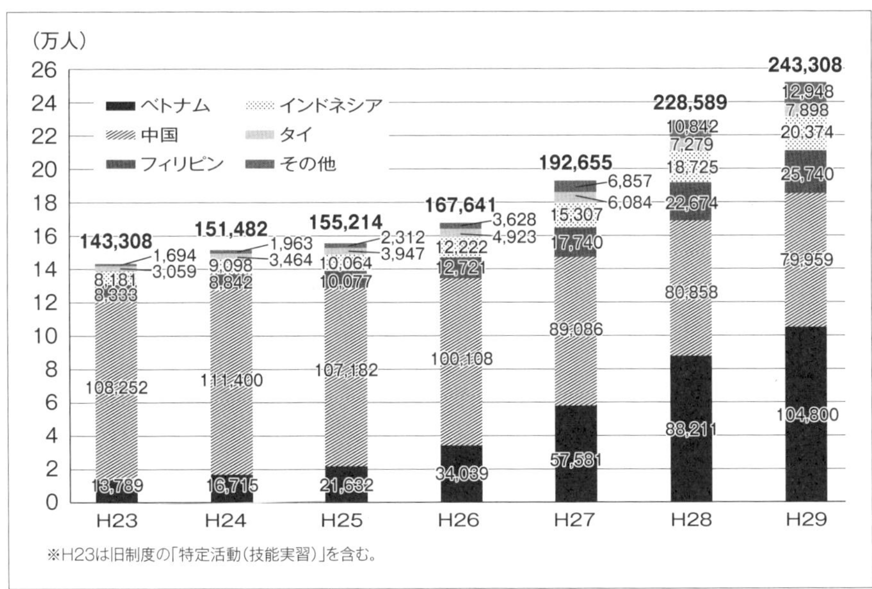

出所：厚生労働省（平成 30 年 3 月 23 日）「外国人技能実習制度の現状、課題等について」

前頁「その他」の内訳（平成29年6月末時点）

国名	人数	国名	人数	国名	人数
カンボジア	5,704	ネパール	200	メキシコ	20
ミャンマー	5,019	マレーシア	89	ウズベキスタン	17
モンゴル	900	バングラデシュ	82	ブータン	17
ラオス	422	インド	46	サウジアラビア	15
スリランカ	328	ペルー	41	キルギス	13

出所：厚生労働省（平成30年3月23日）「外国人技能実習制度の現状、課題等について」

(2)日本に来る技能実習生側の事情

技能実習生の来日目的は、技能の習得はもちろんですが、それ以上に「給料」です。そのため、日本との給与格差の大きい国からの技能実習生が多くなります（以前は中国からの技能実習生が多かったのですが、中国の給与水準が高くなり、日本との給与格差が少なくなったことから、日本に来るうまみがその分減ったこともあり、最近は中国からの技能実習生は減少傾向です）。

技能実習生は日本に来てお金を稼ぎ、そのお金を家族に仕送りするため、生活を相当切り詰めているケースも少なくありません。また、日本に来るための研修等を受けるため、多額の借金をしているケースもあります。そのため、彼らにとって日本で稼いだお金をどれだけ貯金できるかが非常に重要であるため、生活を切り詰めてでもお金を貯めようとする傾向にあります（必ずしもそうではない技能実習生も存在します）。

1-2 技能実習生の受け入れ検討にあたり、必ず知っておくべきこと

技能実習生を受け入れるに際し、必ず知っておくべきことはどのようなことでしょうか。

技能実習生受け入れに際して必ず認識しておくべきポイントを【図表 1-2-1】にまとめました。

図表1-2-1

技能実習生受け入れに際して必ず知っておくべきこと

1. 受け入れ方法は「団体監理型」と「企業単独型」の２つの方法がある
「企業単独型」は海外子会社、関連会社の社員を受け入れる場合のみ
それ以外は通常、監理団体という技能実習生受入を専門とする機関に費用を支払い受け入れから受け入れ後の手続き等をサポートしてもらう
→「団体監理型」と「企業単独型」の相違点はQ 1-3 を参照

2. 作業内容により技能実習生の受け入れが認められない場合や期間が制限されている場合がある
→技能実習生の受け入れが認められる作業内容および受け入れ可能期間はQ 1-5 を参照

3. 技能実習生だからといって、日本人より割安であるとは限らない
監理団体を活用する場合、監理団体への支払いはもちろん、技能実習生受け入れにあたっての様々な費用が発生する。そのため、日本人より安い、とは限らない（日本では人手が確保しにくい、または確保しても続かない等の理由で技能実習生を受け入れているケースが多い）
→技能実習生にかかるコストについてはQ 1-8 を参照

4. **技能実習生が慣れるまでは、技能実習生の生活全般まで面倒を見る気持ちと体制が必要**

20歳前後の若く、日本語も最低限しか知らない海外経験もない人材がやってくるため、本人が慣れるまでは業務面だけでなく生活全般の面倒を見る気持ちがないとうまくいかない

→技能実習生受け入れに際しての会社側の心構えについてはQ 1-9を参照

以下、次頁以降で順番に説明していきます。

1-3

技能実習生の受け入れ方法（団体監理型・企業単独型）

外国人技能実習生の受け入れ方法には「団体監理型」と「企業単独型」の２通りがあると聞きました。それぞれの違いについて教えてください。

企業単独型は海外にある子会社等からの受け入れです。ですので、ほとんどの場合が団体監理型になるでしょう。

1. 団体監理型と企業単独型の違い

～受け入れ手続きを外部委託するか自社で実施するか、及び受け入れ人数の違いなど～

技能実習生の受け入れには、「団体監理型」と「企業単独型」の２つがあります。

「団体監理型」は受入団体（事業協同組合等）が受入一次機関となり技能実習生を受け入れ、日本企業（受入二次機関）にて技能実習を実施します。つまり、受け入れにあたっての様々な手続きは企業に代わって受入団体が実施します。

一方、「企業単独型」は、日本企業が海外子会社や合弁会社の人材を受け入れ、受け入れに際しての手続きは企業自身が行います。

なお、団体監理型であっても企業単独型であっても、技能実習内容そのものや、技能実習生に適用される法律は同一です。どちらか一方の形態が技能実習生や実習実施企業にとって有利、ということはありませんが、海外子会社等の従業員以外の外国人を技能実習生として連れてくる場合は、企業単独型を選択することはできません。

そのため、ほとんどのケースが「団体監理型」に該当します。よって、本書では団体監理型を想定した内容になりますが、企業単独型で受け入れる場合は、監理団体が担っている部分を自社で実施するという認識で読み進めていただければ幸いです。

【図表 1-3-1】では団体監理型と企業単独型の相違点をまとめました。

図表1-3-1　団体監理型と企業単独型の相違点

	団体監理型	企業単独型
利用が想定される企業	・協同組合等が第一次受入機関になるもの ・外国人を大量に必要とする一部の大企業のほかは主に中小・零細企業	・海外子会社等の従業員を技能実習生として受け入れる企業 ・主に大企業
技能実習生の要件	・送出国の国・地方公共団体からの推薦を受け、かつ、日本で行う実習と同様の業務に従事した経験のある者または(経験がない場合は) ・団体監理型技能実習に従事することを必要とする特別な事情があること（注）	次のいずれか ・送出国の現地法人・合弁企業の常勤職員 ・引き続き1年以上または過去1年間に10億円以上の取引実績のある取引先の常勤職員 ・送出国の公務員など
受け入れ人数要件	【図表1-4-1】参照	【図表1-4-1】参照
各種手続き、技能実習プログラムの検討	・監理団体が主導で行ってくれることが多い（サービスレベルは監理団体により異なる）	・基本的には全て自社で作成・手続き等を行う必要がある。（ＪＩＴＣＯ等の会員になることで一部のサポートを受けることは可能）
※技能実習生や実習実施企業に適用される法令は団体監理型、企業単独型とも同じ		

(注)特別な事情としては以下①から③までの場合が該当します。

①実習実施者又は監理団体と送出国との間の技術協力上特に必要があると認められる場合

②教育機関において同種の業務に関連する教育課程を修了している場合（修了見込みの場合も含む）

③技能実習生が技能実習を行う必要性を具体的に説明でき、かつ、技能実習を行うために必要な最低限の訓練を受けている場合

2. 自社の子会社の社員を受け入れる場合

「企業単独型」では自社の子会社等の従業員を受け入れる場合に活用されますが、その場合、状況によっては必ずしも「技能実習」として受け入れなくても、「企業内転勤」で受け入れることも場合によっては可能です。

では、外国から非熟練労働者を日本に呼び寄せて働いてもらう場合、技能実習か企業内転勤のどちらの在留資格で受け入れるべきか考える基準はあるのでしょうか。【図表 1-3-2】でまとめました。

なお、外国人を自社の労働者として受け入れる場合の在留資格としては「技術・人文知識・国際業務」もありますが、この在留資格の場合、原則として大卒以上の学歴が必要になることが一般的です。しかし、企業内転勤の在留資格については、大卒以上の学歴があるかどうか、実務上は在留資格の審査の際に影響することはないと一般的には言われています。

図表1-3-2

「企業内転勤」と「技能実習」のどちらの在留資格が適切か

～子会社従業員に日本で技術を習得させる場合～

・滞在期間中の作業内容が厚労省の定める技能実習の該当職種の作業の要件を満たす場合は、技能実習として受け入れるのが妥当。
・滞在期間中の作業内容が上記の技能実習の作業の要件を満たさない（あるいは技能実習ではカバーし切れない）場合は、企業内転勤での受入れが妥当。

1-4

技能実習生の受け入れ可能人数

技能実習生の受け入れ可能人数を教えてください。

技能実習生の受け入れ可能人数は「団体監理型」か「企業単独型」かによって異なります。

図表1-4-1 団体監理型と企業単独型で異なる受け入れ可能人数

	実習実施者の常勤職員数 (A)	第1号 (1年間)	第2号 (2年間)	優良要件適合者 第1号 (1年間)	優良要件適合者 第2号 (2年間)	優良要件適合者 第3号 (2年間)
受入可能職種		特に制限なし（技能実習計画の認定を受ける必要は当然ある）	82職種 146作業（※）	特に制限なし	82職種 146作業（※）	82職種 146作業（※）
団体監理型		基本人数枠	基本人数枠の2倍	基本人数枠の2倍	基本人数枠の4倍	基本人数枠の6倍
	301人以上	A ×1/20				
	201～300人	15人				
	101～200人	10人				
	51～100人	6人				
	41～50人	5人				
	31～40人	4人				
	30人以下	3人				
企業単独型	(1)	基本人数枠	基本人数枠の2倍	基本人数枠の2倍	基本人数枠の4倍	基本人数枠の6倍
	(2)	A ×1/20	A ×1/10	A ×1/10	A ×1/5	A ×3/10

(1) 法務大臣及び厚生労働大臣が継続的で安定的な実習を行わせる体制を有すると認める企業
(2) 上記以外の企業
(※)令和2年2月25日現在

1-5 技能実習生の受け入れ可能職種と受け入れ可能期間

どのような職種、作業内容でも外国人技能実習生として受け入れることは可能でしょうか。
自社の職種が技能実習生受け入れ可能職種かどうか知るにはどうすればよいでしょうか。

1年間のみの受け入れならどのような職種でも可能です。3年間の受け入れの場合は82職種146作業に限定されています。

1. 受け入れ可能職種

1年間のみの受け入れなら、どのような「職種」でも受け入れは可能です。ただし1年間の受け入れの場合は、その作業内容が単純労働ではないことを説明する必要があります（なお、1年間の受け入れで多いのは高原野菜の栽培などの農業関連作業等です）。

【図表1-5-1】ではその方法についてまとめました。

図表1-5-1

1年間のみの受け入れの場合、単純労働ではないことを説明する方法

・わざわざ日本に来てまで学ぶ価値のあることなのか、という観点での資料の作成をする。
・ポイントは単純作業ではなく、そこに必ず「技能」があるということがわかる資料の作成をする。

2. 最大3年間（または5年間）受け入れ可能な職種

受け入れ可能期間は、最大で3年、【図表1-7-1】のとおり、実習実施企業が「優良要件適合者」に該当する場合は、5年（1号で1年、2号で2年、3号で2年の合計5年）になります。

技能実習生は第 1 号、第 2 号、第 3 号に分かれ、第 1 号は 1 年間、第 1 号修了前に試験を受けて合格すれば第 2 号で 2 年間、第 2 号の修了前に試験を受けて合格すれば第 3 号で 2 年間、日本で技能実習生として働くことが可能です（技能実習第 1 号から第 2 号に移行するには試験を受けて合格する必要があります。不合格の場合 1 度だけ再試験が可能です。1 回での合格率は 93.4%。再試験合格も含めると 99.7%が合格しています（平成 29 年 4 ～ 12 月申請分、2018 年版 JITCO 白書）。

なお 3 年間の受け入れが可能ないわゆる「技能実習第 2 号移行対象職種」は【図表 1-5-2】のとおり 82 職種 146 作業です。

図表1-5-2 技能実習第2号移行対象職種

1 農業関係（2 職種 6 作業）

職種名	作業名
耕種農業＊	施設園芸
	畑作・野菜
	果樹
畜産農業＊	養豚
	養鶏
	酪農

2 漁業関係（2 職種 9 作業）

職種名	作業名
漁船漁業＊	かつお一本釣り漁業
	延縄漁業
	いか釣り漁業
	まき網漁業
	ひき網漁業
	刺し網漁業
	定置網漁業
	かに・えびかご漁業
養殖業＊	ほたてがい・まがき養殖

3 建設関係（22 職種 33 作業）

職種名	作業名
さく井	パーカッション式さく井工事
	ロータリー式さく井工事
建築板金	ダクト板金
	内外装板金
冷凍空気調和機器施工	冷凍空気調和機器施工
建具製作	木製建具手加工
建築大工	大工工事
型枠施工	型枠工事
鉄筋施工	鉄筋組立て
とび	とび
石材施工	石材加工
	石張り
タイル張り	タイル張り
かわらぶき	かわらぶき
左官	左官
配管	建築配管
	プラント配管
熱絶縁施工	保温保冷工事
内装仕上げ施工	プラスチック系床仕上げ工事
	カーペット系床仕上げ工事
	鋼製下地工事
	ボード仕上げ工事
	カーテン工事
サッシ施工	ビル用サッシ施工
防水施工	シーリング防水工事
コンクリート圧送施工	コンクリート圧送工事
ウェルポイント施工	ウェルポイント工事
表装	壁装
建設機械施工＊	押土・整地
	積込み
	掘削
	締固め
築炉	築炉

4 食品製造関係（11 職種 16 作業）

職種名	作業名
缶詰巻締＊	缶詰巻締
食鳥処理加工業＊	食鳥処理加工作業
加熱性水産加工食品製造業＊	節類製造
	加熱乾製品製造
	調味加工品製造
	くん製品製造
非加熱性水産加工食品製造業＊	塩蔵品製造
	乾製品製造
	発酵食品製造
水産練り製品製造	かまぼこ製品製造
牛豚食肉処理加工業＊	牛豚部分肉製造
ハム・ソーセージ・ベーコン製造	ハム・ソーセージ・ベーコン製造
パン製造	パン製造
そう菜製造業＊	そう菜加工
農産物漬物製造業＊	農産物漬物製造
医療・福祉施設給食製造＊	医療・福祉施設給食製造

5 繊維・衣服関係（13 職種 22 作業）

職種名	作業名
紡績運転＊	前紡工程
	精紡工程
	巻糸工程
	合ねん糸工程
織布運転＊	準備工程
	製織工程
	仕上工程
染色	糸浸染
	織物・ニット浸染
ニット製品製造	靴下製造
	丸編みニット製造
たて編ニット生地製造＊	たて編ニット生地製造
婦人子供服製造	婦人子供既製服縫製
紳士服製造	紳士既製服製造
下着類製造＊	下着類製造
寝具製作	寝具製作
カーペット製造＊	織じゅうたん製造
	タフテッドカーペット製造
	ニードルパンチカーペット製造
帆布製品製造	帆布製品製造
布はく縫製	ワイシャツ製造
座席シート縫製＊	自動車シート縫製

6 機械・金属関係（15 職種 29 作業）

職種名	作業名
鋳造	鋳鉄鋳物鋳造
	非鉄金属鋳物鋳造
鍛造	ハンマ型鍛造
	プレス型鍛造
ダイカスト	ホットチャンバダイカスト
	コールドチャンバダイカスト
機械加工	普通旋盤
	フライス盤
	数値制御旋盤
	マシニングセンタ
金属プレス加工	金属プレス
鉄工	構造物鉄工
工場板金	機械板金
めっき	電気めっき
	溶融亜鉛めっき
アルミニウム陽極酸化処理	陽極酸化処理
仕上げ	治工具仕上げ
	金型仕上げ
	機械組立仕上げ
機械検査	機械検査
機械保全	機械系保全
電子機器組立て	電子機器組立て
電気機器組立て	回転電機組立て
	変圧器組立て
	配電盤・制御盤組立て
	開閉制御器具組立て
	回転電機巻線製作
プリント配線板製造	プリント配線板設計
	プリント配線板製造

7 その他（16 職種 28 作業）

職種名	作業名
家具製作	家具手加工
印刷	オフセット印刷
製本	製本

7 その他（続き）

職種名	作業名
プラスチック成形	圧縮成形
	射出成形
	インフレーション成形
	ブロー成形
強化プラスチック成形	手積み積層成形
塗装	建築塗装
	金属塗装
	鋼橋塗装
	噴霧塗装
溶接＊	手溶接
	半自動溶接
工業包装	工業包装
紙器・段ボール箱製造	印刷箱打抜き
	印刷箱製箱
	貼箱製造
	段ボール箱製造
陶磁器工業製品製造＊	機械ろくろ成形
	圧力鋳込み成形
	パッド印刷
自動車整備＊	自動車整備
ビルクリーニング	ビルクリーニング
介護＊	介護
リネンサプライ＊	リネンサプライ仕上げ
コンクリート製品造 ＊	コンクリート製品造
宿泊＊	接客・衛生管理

○ 社内検定型の職種・作業（1 職種 3 作業）

職種名	作業名
空港グランドハンドリング＊	航空機地上支援
	航空貨物取扱
	客室清掃

(注1) ＊の職種：技能実習評価試験に係る職種

(注2) 網かけの職種は現時点では3号に移行できません

出所：厚生労働省「技能実習制度　移行対象職種・作業一覧」（令和2年2月25日現在）

3. 介護職に関するよくある質問

介護業界は外国人材に活躍していただきたいと考えているところが多い業界です。

外国人技能実習機構でも、よくある質問に答える資料を作っていますので参考にしてみてください。

制度に関する事項	
技能実習の目的は、本国への技能等の移転とされているが、介護職種に係る技能実習生の受入れは、この目的に沿うものなのか。日本の介護技術が文化の違う外国で活かされるのか。	技能実習制度は、日本から相手国への技能移転を通じた「人づくり」に協力することが基本理念とされている。日本は他国と比較し、高齢化が急速に進展しており、認知症高齢者の増加等、介護ニーズの高度化、多様化に対応している日本の介護技術を取り入れようとする動きも出てきている。こうした介護技能を他国に移転することは、国際的に意義のあるものであり、制度趣旨にも適うものである。
障害福祉サービス等報酬における技能実習生の配置基準上の取扱いは、介護報酬上の取扱いと同様か。	ご指摘のとおり、障害福祉サービス等報酬においても、介護報酬上の取扱いと同様、実習開始後６月を経過した者又は日本語能力試験のＮ２又はＮ１（平成 22 年３月 31 日までに実施された審査にあっては、２級又は１級）に合格している者については、障害福祉関係法令に基づく職員等の配置基準において、職員等とみなす取扱いとしている。

実習実施者の要件に関する事項	
技能実習指導員の要件について、介護福祉士の資格を有する者と同等以上の専門的知識及び技術を有すると認められる者の一つである「修得等させようとする技能等について５年以上の経験を有することに加え、３年以上介護等の業務に従事し～適格性を認めた者」と規定しているが、結局、どのような経験が何年必要なのか。	「修得等させようとする技能等について５年以上の経験を有することに加え、３年以上介護等の業務に従事し～適格性を認めた者」については、本体制度上求められる「５年」以上の業務経験に加えて、「３年」以上の業務経験を求めるものであり、合計で８年以上介護等の業務に従事した経験が必要という意味である。

介護職種に係る技能実習は、訪問介護も可能となるのか。	訪問介護などの訪問系サービスについては、適切な指導体制を取ることが困難であることや利用者、技能実習生双方の人権擁護、適切な在留管理の担保が困難であることから、介護職種の技能実習の対象としないこととしている。
介護事業所の「常勤の職員」の常勤性はどのように定義されるのか。	常勤介護職員の総数については、常勤換算方法により算出するものではなく、他職種と同様、実習実施者に継続的に雇用されている職員（いわゆる正社員をいうが、正社員と同様の就業時間で継続的に勤務している日給月給者を含む。）であって、介護等を主たる業務とする者の数を事業所ごとに算出することになる。また、他職種と同様、技能実習生は人数枠の算定基準となる「常勤の職員」には含まれない。
人数枠の算定基準となる「介護職員」には、どこまで含まれるのか。	人数枠の算定基準に含まれる介護職員とは、「介護等を主たる業務として行う常勤職員」を指す。このため、例えば、介護施設の事務職員や就労支援を行う職員、看護業務を行う看護師及び准看護師はこれに含まれない。 一方、医療機関において、看護師や准看護師の指導の下に療養生活上の世話（食事、清潔、排泄、入浴、移動等）等を行う診療報酬上の看護補助者や、当該看護補助者の指導を同一病棟で行っている看護師及び准看護師は、算定基準に含まれる。
人数枠の算定において、複数の事業所の介護職員を兼務している者はどのように扱うのか。	複数の事業所の介護職員を兼務している者については、一つの特定の事業所において技能実習生の人数枠の算定基準となる常勤介護職員としてカウントされている場合は、それ以外の事業所において常勤介護職員としてカウントすることはできない。
同一の実習実施者において、介護職種とそれ以外の職種の技能実習を同時に行う場合、人数枠はどのようになるのか。	介護職種の人数枠については事業所単位、介護職種以外の職種については法人単位で人数枠を算定することとしている。このため、介護職種における人数枠の算定の際には、技能実習生を受け入れる事業所に所属する技能実習生を除いた常勤介護職員の数のみから人数枠を算定することとなり、それ以外の職種については、法人に所属する技能実習生を除いた常勤職員の数から人数枠を算定することとなる。なお、この場合、技能実習生の受け入れ人数枠には介護の技能実習生も含めてカウントする。

同一法人であれば、複数の事業所が共同して、順次、複数の事業所で技能実習を実施することも可能か。	介護職種については、他職種とは異なり人数枠を事業所単位で定めており、人数枠の算定基準に複数の事業所の職員をカウントすることは認められないことから、複数の事業所が共同して技能実習を実施することは認められない。 技能実習期間中に技能実習を行わせる事業所を変更したい場合については、技能実習計画の変更の届出を行う必要がある。 なお、変更後の事業所が技能実習計画の認定基準を満たしていないことが確認された場合には、当該変更を是正するように指導することとなり、当該指導に従わなかった場合には、計画の認定取消し、改善命令等の対象となる。
介護分野においては、夜間業務も必須と考えるが、技能実習生を夜間業務に配置することは可能なのか。	告示第２条第５号に「技能実習生に夜勤業務その他少人数の状況の下での業務又は緊急の対応が求められる業務を行わせる場合にあっては、利用者の安全の確保等のために必要な措置を講ずることとしていること。」とあるとおり、当該措置を講じている場合に限り、夜勤業務も可能となる。
「夜勤業務その他少人数の状況下での業務又は緊急時の対応が求められる業務を行わせる場合にあっては、利用者の安全の確保等のために必要な措置」とは、具体的に何か。	夜勤は、昼間と異なり少人数での勤務となるため利用者の安全性に対する配慮が特に必要となるとともに、技能実習生の心身両面への負担が大きいことから、技能実習生を夜勤業務に配置する際には、安全確保措置を講ずることが必要となる。 具体的には、技能実習生への技能・技術の移転を図るという技能実習制度の趣旨に照らし、技能実習生が業務を行う際には、技能実習生以外の介護職員を指導に必要な範囲で同時に配置することが求められるほか、業界のガイドラインにおいても、指導等に必要な数の技能実習生以外の介護職員（主として技能実習指導員）と技能実習生の複数名で業務を行うこととしている。 これにより、介護報酬上は一人夜勤が可能とされるサービスについても、技能実習生一人による夜勤は認められないことになる。

夜勤業務等においては、技能実習生以外の介護職員を「指導に必要な範囲で」同時に配置することが求められているが、「指導に必要な範囲」の具体的内容如何。	技能等の移転を図るという技能実習制度の趣旨や安全確保措置義務の内容として、介護報酬上は一人夜勤が可能とされるサービスについても、技能実習生一人による夜勤は認められないことになる。 「指導に必要な範囲」とは、この場合に技能実習生と同時に配置することが求められる介護職員について、技能実習生の介護業務の知識・経験、コミュニケーション能力等を総合的に勘案した上で、各事業所の実情に応じ、必要な人数の配置を求めるものである。
技能実習生は、夜勤専従の勤務形態も認められるのか。認められないとすれば、それをどのように担保するのか。	夜勤専従では日中における介護を含めた適切な技能移転が図られないため、夜勤専従の勤務形態は認められない。
病院で介護職種の技能実習を行う場合、事業所の確認書類（指定通知書等の写し）は、地方厚生局長からの「保健医療機関指定通知書」でよいのか。	病院を開設する際は都道府県知事の許可を受けることになっているので、病院が技能実習を行う場合は病院の「開設許可書」の写しを提出して下さい。
病院等を介護医療院に転換した場合、病院等の開設から３年間以上経過していても、介護医療院としての開設から３年経過するまでは、技能実習生の受入れを行うことができないのか。	病院等が介護医療院に転換した場合は、転換前の病院等に関する書面を提出することで、転換後の介護医療院と合わせて過去３年以上介護等の業務を行っていることを証明した場合には、技能実習を行うことができます。 具体的には、病院または診療所については病院または診療所の開設許可書、介護療養型医療施設については介護療養型医療施設の指定通知書、介護療養型老人保健施設（平成18年7月1日から平成30年3月31日までに医療療養病床又は介護療養病床から転換して指定を受けたものに限る。）については介護老人保健施設の指定通知書をご提出ください。 なお、技能実習を行わせる事業所の概要書（介護様式第８号）における「②施設・事業の類型」欄の種別コードは「33-2」としてください。

技能実習生を受け入れている病院、診療所、介護療養型医療施設、介護療養型老人保健施設（以下「病院等」という。）から介護医療院に転換した場合、既に行われている実習を継続するには、技能実習計画の変更や再申請等の手続が必要となるのか。	介護職種の技能実習は、事業所ごとに受入人数枠を定め、実習を行うこととしていますが、実習先を病院等として技能実習計画の認定を受けた後に、その一部又は全部を介護医療院へ転換した場合においては、軽微変更届出書の提出が必要です。 なお、届出に当たっては、訂正後の、実習実施予定表（省令様式第１号第４～６面）及び技能実習を行わせる事業所の概要書（介護様式第８号）を添付ください（新規申請時に提出した当該書面の写しを赤字で訂正したものを添付することとしても差し支えない。）。技能実習を行わせる事業所の概要書（介護様式第８号）における「②施設・事業の類型」欄の種別コードは「33-2」としてください。
技能実習を行わせる事業所について、「開設後３年を経過していること」が必要であるが、当該要件についてどのような事業所が対象となるのか。	別記様式第１号第２面の「8 技能実習の期間及び時間数」に記載されている技能実習の開始日が、指定通知書等（指定通知書、指定更新通知書、診療所開設許可書）に記載されている指定年月日や許可年月日から３年以上経過している日であれば、当該要件の対象となる。 ただし、吸収合併等により、上記の要件を満たさない場合であっても、事業所の実態が変わらない場合もあることから、このような場合には、法人の登記事項証明書等により合併の事実を証明することに加え、合併前の事業所の指定通知書等を提出することで、合併前と合併後の期間を合わせて、当該事業所が開設後３年以上経過していることの要件を満たしているかを判断することとなる。

出所：外国人技能実習機構ホームページ

Q 1-6 技能実習第２号移行対象職種（３年間・３号へ移行すると最長で５年間滞在可能）か否かの調べ方

Q 1-5 を読んで、技能実習生を１年間しか受け入れられない職種と、３年間（３号へ移行すると最長５年間）受け入れが可能な職種があることを知りました。

では、３年間の受け入れが可能な職種であるかどうかの調べ方について教えてください。

A 技能実習生として受け入れが可能か否かの判断基準になるのは「職種」ではなく「作業内容」です。そのため、【図表 1-5-3】に記載されている「職種」に該当すると思われる場合であっても、技能実習生に実施させる「作業内容」が、各作業内容で定められている「審査基準」に該当するか否かで受け入れの可否が決まります。一般的には「作業内容」に関する「審査基準」に記載されている「必須作業」が、技能実習生に実施させる作業の５割以上である必要があります。

具体的な確認方法は【図表 1-6-1】の通りです。

図表1-6-1

技能実習生が実施予定の作業内容が「審査基準」に該当するかの判定方法

1.JITCO（国際人材協力機構）www.jitco.or.jp に連絡し確認する

自社で実施させたい業務が「技能実習第２号移行対象職種」に該当するかどうか確認することが可能（確認だけであれば費用はかからない）

2.厚生労働省のウェブサイトを通じて確認する

確認手順は以下の通り

①厚生労働省のウェブサイトにおける「技能実習計画審査基準・技能実習実施計画書モデル例・技能実習評価試験基準」のページを開く
https://www.mhlw.go.jp/stf/seisakunitsuite/bunya/koyou_roudou/jinzaikaihatsu/global_cooperation/002.html

②該当する「職種」における「審査基準」を確認

たとえば職種「缶詰巻締」の作業「缶詰巻締」とはどんな作業内容かを確認するには「審査基準」を開く。審査基準を開くと、数ページにわたり当該職種の「作業内容」が記載されている。

→**このうち、必須作業が全体の業務内容の5割以上であることが、技能実習の認可が下りるための条件の一つになる。**

1-7

「優良要件適合者」とは

技能実習生を最長５年間受け入れられる「優良要件適合者」とは具体的にどのような条件を満たす必要があるのでしょうか。

「優良要件適合者」とは、以下の得点（満点 120 点）の６割以上となる実習実施者を指します。

図表1-7-1　優良な実習実施者の要件（詳細）

得点が満点(120 点)の６割以上となる実習実施者は、優良な実習実施者の要件に適合する、「優良要件適合者」となり、技能実習生を最長５年間受け入れることが可能です。また、実習生の受入人数枠も、基本人数枠の２倍となります。

	項目	配点
①技能等の修得等に係る実績	【最大 70 点】	
	Ⅰ過去３年間の基礎級程度の技能検定等の学科試験及び実技試験の合格率（旧制度の基礎２級程度の合格率を含む。）	·95%以上:20点 ·80%以上95%未満:10点 ·75%以上80%未満:0点 ·75%未満:-20点
	Ⅱ 過去３年間の２·３級程度の技能検定等の実技試験の合格率 ＜計算方法＞ 分母：新技能実習生の２号·３号修了者数 －うちやむを得ない不受検者数 ＋旧技能実習生の受検者数 分子：（3 級合格者数 +2 級合格者数× 1.5）× 1.2 ＊旧技能実習生の受検実績について、施行日以後の受検実績は必ず算入。施行日前については、施行前の基準日以前の受検実績は算入しないこととすることも可。 （注）「施行日」とは、技能実習法の施行日である平成 29 年 11 月 1 日を指す。	·80%以上:40点 ·70%以上80%未満:30点 ·60%以上70%未満:20点 ·50%以上60%未満:0点 ·50%未満:-40点

（次頁に続く）

	＊施行後３年間については、IIに代えて、II-2（1）及び（2）で評価することも可能とする。	
	II-2(1) 直近過去３年間の３級程度の技能検定等の実技試験の合格実績	・合格者3人以上:35点 ・合格者2人:25点 ・合格者1人:15点 ・合格者なし:-35点
	II-2(2) 直近過去３年間の２級程度の技能検定等の実技試験の合格実績	・合格者2人以上:5点 ・合格者1人:3点
	III 直近過去３年間の２・３級程度の技能検定等の学科試験の合格実績 ＊２級、３級で分けず、合格人数の合計で評価	・合格者2人以上:5点 ・合格者1人:3点
	IV 技能検定等の実施への協力 ＊技能検定委員(技能検定における学科試験及び実技試験の問題の作成、採点、実施要領の作成や検定試験会場での指導監督などを職務として行う者)又は技能実習評価試験において技能検定委員に相当する者を社員等の中から輩出している場合や、実技試験の実施に必要とされる機材・設備等の貸与等を行っている場合を想定	・有:5点
②技能実習を行わせる体制	**【最大 10 点】** ＊平成 31 年 4 月 1 日から加点対象	
	I 直近過去３年以内の技能実習指導員の講習受講歴	・全員有:5点
	II 直近過去３年以内の生活指導員の講習受講歴	・全員有:5点
③技能実習生の待遇	**【最大 10 点】**	
	I 第１号技能実習生の賃金（基本給）のうち最低のものと最低賃金の比較	・115%以上:5点 ・105%以上115%未満:3点

（次頁に続く）

	II 技能実習生の賃金に係る技能実習の各段階ごとの昇給率	・5%以上:5点 ・3%以上5%未満:3点
④法令違反・問題の発生状況	**【最大 5 点】**	
	I 直近過去3年以内に改善命令を受けたことがあること(旧制度の改善命令相当の行政指導を含む。)	・改善未実施:－50点 ・改善実施:－30点
	II 直近過去3年以内における失踪がゼロ又は失踪の割合が低いこと(旧制度を含む。)	・ゼロ:5点 ・10%未満又は1人以下:0点 ・20%未満又は2人以下:－5点 ・20%以上又は3人以上:－10点
	III 直近過去3年以内に責めによるべき失踪があること(旧制度を含む。)	・該当:－50点
⑤相談・支援体制	**【最大 15 点】**	
	I 母国語相談・支援の実施方法・手順を定めたマニュアル等を策定し、関係職員に周知していること	・有:5点
	II 受け入れた技能実習生について、全ての母国語で相談できる相談員を確保していること(旧制度を含む。)	・有:5点
	III 直近過去3年以内に、技能実習の継続が困難となった技能実習生に引き続き技能実習を行う機会を与えるために当該技能実習生の受け入れを行ったこと(旧制度下における受け入れを含む。)	・有:5点
⑥地域社会との共生	**【最大 10 点】**	
	I 受け入れた実習生に対し、日本語の学習の支援を行っていること	・有:4点
	II 地域社会との交流を行う機会をアレンジしていること	・有:3点
	III 日本の文化を学ぶ機会をアレンジしていること	・有:3点

出所:法務省入国管理局(当時)「新たな外国人技能実習制度について」(平成29年12月)

技能実習生の賃金レベルとは

「技能実習生は低い賃金で雇用されており、日本人を雇用するより安い」と認識しがちですが、実態はそうでもないと聞きました。どういうことでしょうか。

A 最低賃金以上の給与を保証しなければなりません。また、受け入れに要する費用を考慮すると、日本人より割高になることもあることを理解してください。

1. 技能実習生だからコスト安とは限らない理由

「日本人より安く雇用できる」と考えて受け入れている企業も中には存在します。しかし現状では外国人労働者だからと言って、技能が同程度の日本人よりも不当に安い賃金で雇用することはできません。そのため、法令順守している企業においては、技能実習生も日本人労働者と同様に最低賃金以上の給与を保証し、社会保険料の負担もある他（社内ではパートの区分けをしていても法律上は正社員扱い）、外国人技能実習生受け入れに際しては生活面での様々なサポートなど様々なコストがかかるため、技能実習生のお世話係をする社員の人件費まで含めると、総額としては日本人労働者よりも割高になる場合もあります。

（1）団体監理型で受け入れた場合の必要となる費用の目安

技能実習生を団体監理型で受け入れた場合の費用の目安は以下の通りです。

図表1-8-1 技能実習生受入に係る費用（概算）

実際の費用額は監理団体、送出機関、送出国、為替相場、実際の運賃により異なるのであくまで参考です。

費目	単価	1年目 年間/人	2年目 年間/人	3年目 年間/人	支払時期・ 内容
（監理費用）					
1.会費		（3人受入の場合１人当たり）			
技能実習事業 入会費	20千円/ 企業	7千円			入会時
技能実習事業 年会費	50千円/ 年・企業	17千円	17千円	17千円	入会時（月割り）。 以後毎年４月
2.監理費／ 管理費					
（1）監理団体 監査指導	30千円/ 人・月	360千円	360千円	360千円	技能実習生来日月から帰国月まで毎月
（2）送出 管理費	8千円/人・月	96千円	96千円	96千円	同上
3.諸経費 （内訳別紙参照）					
現地出張費 概算（面接）		（注1） 200千円			
1年目 （入国関連）		（注2） 300千円			入国時
2～3年目への 移行手続	20千円/ 人・年	20千円/ 人・年	20千円/ 人・年		発生時
3年目 （帰国航空券代）				80千円	（東南アジアの例） 発生時
3年目 （随時3級試験代）				25千円	金額は職種 により異なる
監理費用概算 ＝1+2+3		1,000千円	493千円	578千円	

（次頁に続く）

（賃金等）					
4．賃金試算（千葉県の最低賃金）					2020年5月現在の最低賃金
923円×年2,065時間÷12か月	約159千円/人・月	（注３）1,749千円	1,908千円	1,908千円	来日後1か月間の講習終了後、毎月
5．社会保険料試算	約23千円	253千円	276千円	276千円	来日後1か月間の講習終了後、毎月
賃金等概算＝4+5		**2,002千円**	**2,184千円**	**2,184千円**	
受入総費用概算＝1+2+3+4+5		**3,002千円**	**2,677千円**	**2,762千円**	

(注１) 時期、フライト、滞在ホテル等により異なります

(注２) 300 千円の内訳は、来日航空運賃、日本語講習費用、講習期間中の生活手当、実習計画作成指導料、外国人技能実習生総合保険料、雇入時健康診断費用、技能検定基礎２級受験費用、実習計画の認可費用等の合計です。
実際にはこれに国内移動費・別送荷物の搬送費が加わります。

(注３) １年目の給与は 11 か月分の支払いとなります

出所：JIMLS 調べ（令和２年）

上記表からもわかるように外国人技能実習生にかかるコストは、単純に日本人と比較できません。また、給料だけを想定していると、予定していた以上の費用がかかってしまったという結果も考えられます。

①主なコスト

技能実習生にかかるコストのうち主なものは、監理団体や現地の送出機関に払う毎月の監理費用、来日及び帰国時の渡航費用、在留資格の申請・更新時の費用、技能検定試験料、宿舎の生活用器具や家賃、水道光熱費などです。これらは受け入れ前からわかることなので事前に慎重に検討しておく必要があります。

②想定外の出費

想定外の出来事としては健康問題（メンタル面も含む）で途中帰国したり、失踪などで急遽実習を中止せざるを得ないケースがあります。

また、最近は出身国の賃金が上昇しているためか、時間外労働を含めた給与の手取りのアップを要求してくる場合があります。この場合は当初の契約が有効であるため、基本的には応じる必要はありませんが、個々の対応に委ねられることになります。

1-9 技能実習生の私生活全般まで面倒を見る体制とは

技能実習生は 20 歳前後の若く、日本語も最低限しか理解できない海外経験もない人材がほとんどとのことです。そのため、「慣れるまで生活全般まで面倒を見る必要がある」とのことですが、具体的にはどのようなことでしょうか。

初めての海外生活や初めての社会人生活になることもあるので、親のような気持ちで接して面倒をみることが必要になります。

1. 技能実習生の保護者になる気持ちが必要

たとえば、日本に留学している外国人を採用する場合、彼らの大半は日本語が流暢で、かつ、大学生活やアルバイトなどを通じて、日本の生活様式にある程度慣れ親しんでいます。

また、海外の大学を卒業してから日本の大学に留学しているケースだと、年齢的にも 20 代後半である等、日本人の若者を雇用する場合と比較し、驚くほどの違いはないでしょう。

一方、技能実習生として日本に来るのは、20 歳前後の日本語も流暢でない上、外国で働いたこともないような外国人がほとんどです。そのため、会社側が彼らの「保護者」になるつもりで生活全般の面倒までみる必要があります（以前は前職要件が厳しかったため、ある程度年齢を重ねた人もいましたが、最近は前職要件が緩くなっているため、若い人が増えている傾向があります）。【図表 1-9-1】は、技能実習生受け入れにあたり必要となる心構えです。

図表1-9-1 **技能実習生受け入れにあたり知っておくべきこと**

1. 技能実習生の実習参加目的、背景を理解する

　日本での技能実習に参加する技能実習生の多くは地方の農家、漁家出身の若者で、目的は家計を支えたり、習得した技術・日本語能力を生かした将来の自立のためにお金を貯めることを目的にしている。一方で、

来日前に学校に通いかなりの額を払っているのも事実で、家族に負担もかけている。そのため毎月の給与の多くを仕送りにあてている。

2. 就業姿勢や範囲は具体的に指導する。黙っていてもやってくれることは期待しない

仕事中に自主的に活動をしないことを叱責している指導員がいる。しかし指示していない事や作業を日本人なら気をきかせてやってくれるのにと期待するのは無理がある。例えば、始業時間にはユニフォームを着用してすぐに仕事を始めるように準備しておくとか、早く終わった時には他の作業員の手伝いや清掃をするというような細かいことも含め実習内容（仕事内容）は明確に示し理解させることが、互いに不満や誤解をなくすことになる。

3. 技能実習生と日本人のコミュニケーションが重要

技能実習生とのコミュニケーションの重要性はどの実習実施現場の方も理解していると思うが、十分できているところは少ない。

日本に来て１～２年で日本人と日本語で話すというのは非常にハードルが高いもの。個人差はありますがなかなか日本人には話しかけにくいので、技能実習生同士で固まってしまう。一方、日本人も休み時間などに何をどのように話しかけていいかわからず、あえて声はかけにくいのが実情。

しかし、技能実習生の職場での安全管理、技能の取得、体調の管理、精神面のケアなどコミュニケーションは実習活動の成否のキーとなる。監理団体では技能実習生の母国語での連絡が可能な体制を整えているが、やはり職場での日々の意思疎通が重要になる。

技能実習生の日本語能力向上を支援すると同時に職場内で敢えてコミュニケーションの場や機会を設けることが必要。

以上が技能実習生受け入れに際して必ず知っていただきたい事項です。

次に【2】では、技能実習生の受け入れから実習修了後に帰国するまでの手続きを順番に説明していきます。

技能実習生の受け入れ検討から
実習修了後の帰国まで

自社の子会社や拠点がない企業等が、技能実習生の受け入れを希望する場合は、日本の監理団体と契約し、現地の送出機関を通じて技能実習生となりうる人材を募集します。

そこで、この章では、技能実習生の受け入れを思い立ってから、監理団体を使って技能実習生の受け入れを行い、技能実習生が帰国するまでの各段階について、次の【A】から【H】までの８つのステップに分け、順番に解説していきます。

必要月数	日本側	送出国側
1月	【A】 **技能実習生受け入れ検討から受け入れ人員選定** ((本書の) Q2-1 ～ Q2-5)	
2月		
3月	【B】 **在留資格取得手続き** 技能実習計画認定申請 ↓ 在留資格認定申請 ↓ 査証発給まで（Q2-6）	入国前講習受講 (4 ～ 6 か月)
4月		
5月		
6月		
7月		
8月		
9月	【C】 **企業側での技能実習生受け入れ手続き**（Q2-7 ～ Q2-9） 【D】 **入国後講習受講**（Q2-10）	
10月	【E】 **入社初日**（Q2-11 ～ Q2-13）	
実習期間中	【F】 **実習期間中／実習中の各種トラブル対応** (Q2-14 ～ Q2-27) 【G】 **技能実習生の失踪対応** (Q2-28 ～ Q2-29)	家族への連絡等送出機関がサポート
退職時	【H】 **帰国時／退職時の処理（第２号から第３号への移行時も含む）** (Q2-30 ～ Q2-35)	送出機関による帰国確認と帰国後の支援

令和２年改訂版では新型コロナウイルス感染症対策を【I】として掲載。

【A】監理団体との契約～受け入れ人員選定まで

監理団体との契約から受け入れ人員選定までの流れは以下の図表の通りです。
所要期間は 1 ～ 2 か月程度です。

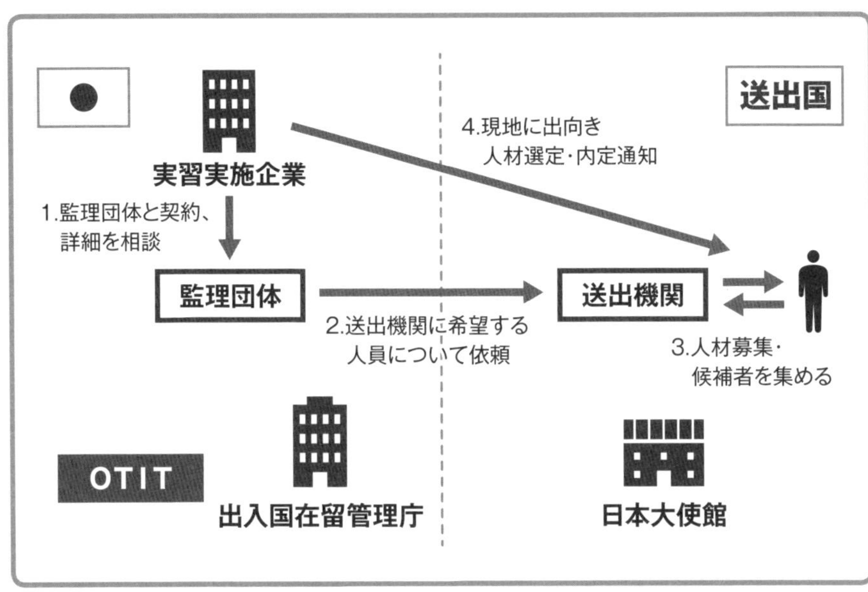

1. 自社にとって適切な監理団体と契約し、受け入れ人数等詳細を相談する。
2. 監理団体は、受け入れ企業が希望する人材を集めるよう、送出機関に依頼する。
3. 送出機関は監理団体からの要請に基づき人材募集を開始する。
4. 送出機関は候補となりうる人材プールを準備する。
5. 受け入れ企業が現地に出向き、「4」の人材に面接等を行い、内定通知を出す。

本ステップに関連するQ＆A

Q2-1	監理団体選定のポイント
Q2-2	監理団体との契約に際しての留意点
Q2-3	候補者の選定方法
Q2-4	技能実習生の面談
Q2-5	採用にあたって説明しておくことは

2-1 監理団体選定のポイント

技能実習生を受け入れるに当たり、監理団体を選定する必要があります。
監理団体選定にあたってのポイントを教えてください。

A 企業単独型以外で技能実習生の受け入れを検討する場合、監理団体を探すところから始まります。監理団体選定のポイントは【図表2-1-1】の通りです。

※そもそも自社が受け入れたい技能実習生の職種、指導体制などが技能実習制度の趣旨に沿っているか、また入管法、労働関係法令などに抵触しないかについては、事前に確認しておくことが重要です。

図表2-1-1

監理団体選定のポイント

1. 実績を有し、適正な受け入れをしているかどうか
   - ・監理団体は、実習実施企業（受入企業）が、技能実習生に対する不正行為で入管等に摘発された場合、その監理責任を負わされ、行政処分（受入停止等）を受けることがある。
   - ・その場合、当該監理団体を介したすべての技能実習生の受け入れが停止となるため、問題のない監理団体と契約することが必要。
2. 複数の監理団体を利用する場合
   - ・法律上は、禁止が明定されていないものの、1つの事業所において複数の監理団体を介して技能実習生を受け入れることは、監査主体が複数になって企業側の対応が煩瑣になる等、監理団体は、1事業所1団体としたほうがより良い。
3. 受け入れに係る費用負担
   - ・監理団体によって、あるいは送出国によって技能実習生の受け入れに係る費用（面接費用、監理費、講習手当等）が異なるため、契約締結の際に、詳細を確認すること。
4. 監理団体のサポート内容の確認
   - ・監理団体は本来、実習実施企業を監理、指導する役割を担っているものの、監理団体によっては、実習実施企業への相応のサポートを行う場合

もあることから、事前に監理団体に①サポートがあるかどうか、②サポートがある場合、それはどのような内容か、有償か無償かについて確認しておく。

5. 他企業からの紹介

他企業が利用している監理団体を紹介してもらうのもよくある選定方法の一つ。

出所：一般社団法人日本惣菜協会「外国人技能実習生受入企業ガイドライン」（2015年7月1日）をもとに作成

Q 2-2 監理団体との契約に際しての留意点

監理団体との契約にあたって必要となる書類や契約にあたって事前に確認しておくことを教えてください。

A 監理団体と技能実習生の受入契約を締結する際には、企業側の受け入れ体制が整っているか、チェックされます。条件等は以下の通りです。

1. 契約時に必要となる書類

受け入れる際に必要な書類の例を以下に挙げました。なお、【図表 2-2-1】は一般的事例であり、監理団体により異なりますので詳細は監理団体にご確認ください。

図表2-2-1

監理団体に提出が必要な書類例

・自社（実習実施企業）の事業概要書
・履歴事項全部証明書
・直近３年間の決算書
・社会保険関連書類、指導員の履歴書　など

2. 契約にあたって事前に確認しておくこと

ほぼ確実に自社が技能実習生を受け入れられるか、また何人くらい受け入れが可能かを監理団体と契約する前に確認する必要があります。

図表2-2-2

**受け入れが可能か契約にあたり
監理団体に確認すべきこと**

1. 自社の受け入れたい技能実習生の職種 / 作業が、技能実習制度によって認められているかを確認
・可能な受け入れ年数は何年か（最大５年）も併せて確認

2. 自社の受け入れ体制が技能実習制度の趣旨に沿っているか確認
- 自社の指導体制などが本制度の趣旨に沿っているか
- 入管法、労働関係法令などに抵触する事項がないか

3. 何人まで受け入れられるかの確認
4. どの国からの受け入れが可能かの確認

3. 契約後に監理団体と作成すべき書類

監理団体との契約締結後は、受け入れに向けてより具体的な手続きを行います。監理団体に相談の上、決定すべき事項や作成すべき書類は以下の通りです。

図表2-2-3

契約後に監理団体とともに作成する必要があるもの

- 技能実習生の応募要件を記載した書類
- 技能実習生の雇用条件を記載した書類（雇用契約書、雇用条件書等）

4.（監理団体が）送出機関に希望する人員について依頼

上記［3］で作成した書類にもとづき、監理団体は送出機関に対し、条件に合う人材を探すように依頼します。

2-3

候補者の選定方法

送出機関にて、候補者が事前にリストアップされ、そのうち一次選抜に合格した者に対する面接に日本から現地に行くことになると聞いていますが、そもそも候補者はどのようにして募集されているのでしょうか。

A　一般的に送出機関はその国の首都など大きな都市に所在しています。一方、技能実習希望者の出身地は地方の都市や農村などに散らばっています。そのため送出機関は地方にいくつかの提携先を持ち、そこを通して候補者を集めています。提携先は学校やお寺である場合や送出機関が直接管理していることもあります。

日本企業から技能実習生の募集があり、職種、給与水準、時間外や休日などの勤務条件などが知らされると、送出機関は既に在籍して講習を受けている人材に募集の連絡をし、応募者を募ると同時に、各提携先に募集の連絡をし、候補者を募ります。ここでは送出機関が一次選抜を行い、応募者のなかから実習実施企業との面接者として募集人数の２～３倍に絞り込みます。一次選抜に合格した者は、面接の10日～２週間くらい前に送出機関所在の学校に行き、日本語での挨拶や面接の指導を受けます。

面接で合格した者はその後日本入国までの４～６か月間、送出機関の学校で日本語の講習と日本での生活の指導を受けます。

また最終面接に選ばれなかった者は通常、そのまま学校に残り、次に応募できる機会を待ちます。

介護技能実習生など、より高い日本語能力が要求されている職種では、募集前に別途、特別に日本語講習などが行われています。

Q 2-4 技能実習生の面談

送出機関による人材探しから、実習実施企業が面談を実施するまでの留意点について教えてください。

A 面接のポイントは日本人の採用と基本同じですが、国の事情も考慮して観察しましょう。最近では現地に行かず、Web 面接が行われることもあります。

1. (送出機関が)要件に合う人材を募集

送出機関は監理団体から（実習実施企業から）の要望に基づき、要件に合う人材を募集、選別して採用希望する人数の２～３倍の候補者の名簿と履歴書を監理団体宛に送付します。

2. 現地に出向き人材選定

(1) 各種試験

送出機関からの面接候補者に関する情報を基に、企業担当者が送出国を訪問し、送出機関において面接を実施します。その際に筆記試験を行うことが多いですが、この筆記試験は、面接前に行う場合と、面接時に面接担当者の前で行う場合があります。

また、実技試験など、複数の候補者が関わって活動している状況をよく観察していると、「誰が面倒見がよいのか」「この中でリーダーになりうる人材はどれか」等も把握することができます。そのため、実技試験はその実技試験内容が良くできているかどうか、だけでなく、それぞれの技能実習生の性格やリーダーシップの有無なども確認できる貴重な機会としても活用できます（なお、リーダーになりうる人材は、技能実習生の中でも年長者であることが、儒教的な考え方を持つ国の出身者においては人間関係が円滑であるために重要です）。

図表2-4-1　各種試験の方法と目的

	方法	目的
筆記試験	・クレペリン、算数、知能テスト、作文（現地語）など（面接前に実施し結果が日本に送られる）	基本的な能力、理解力を評価する
体力テスト	・腹筋、腕立て伏せ、ランニング、土嚢運びなど	体力および取組姿勢をみる。実習実施企業により重視する項目は変わる
実技試験	・日本で実施する作業の基本を見る。特に実務経験者を募集する場合	実技の基礎能力を見る
その他 必要に応じて行う	・豆を箸でつまむ ・折り紙を折らせる ・水やコメを計量させる ・ストップウォッチで時間間隔を測る ・時間内にトランプをマーク別に仕分けする ・リンゴの皮をむく	・実習内容により必要なスキルをテストする ・作業そのものの出来不出来だけでなく、その時の行動等を観察することで、その人がどんなタイプの人間なのかも観察できる。例えば時間は速いが仕事が雑、あるいはその逆など

(2) 面接の方法と選考のポイント

面接方法として考えられるのは【図表 2-4-2】の通りです。現地に赴き面接を行うのが一般的ですが、スケジュールの都合などで現地に行けない場合はテレビ面接で選考するケースもあります。それぞれメリット・デメリットをまとめると以下のようになります。

なお、面接のための文言だけ丸暗記している候補者もいるので注意が必要です。送出機関によっては、技能実習生候補者の成績表を付けているので、それも参照したうえで、選定することがよいでしょう。また面接は日本語でも実施できますが、ほとんどの場合は、同時通訳を介して現地語で行います。

図表2-4-2 面接方法の例とメリットとデメリット

面接方法	メリット	デメリット
現地に赴き面接実施 ・現地では体力テスト、実技テストにも立ち会う ・面接は通訳を付けて日本語で行う ・面接は1対1、グループまたはその併用で行う	・体力テストや実技テストでは結果だけでなく実施中の動きや態度を観察できる ・本人と直接接することで話す内容以外に表情や問いかけへの反応や印象を見て判断できる	・行き帰りの時間を考慮すると最低3日くらいの日数がかかる ・航空運賃、滞在費などの費用がかかる
スカイプ等による テレビ面接	・海外渡航が不要で時間と費用が節約できる ・テレビ画面で応募者の顔を見て話すことはできる	・直接面接に比べ細かい表情や態度などはわかりにくい（受験者にとっても同様）
監理団体に面接代行を依頼する（実習実施企業から出張者を出せず採用人数も少ない場合。ただしこの方法を実施する企業は極めて少ない）	・時間と費用が節約できる	・監理団体の面接代行者と自社の採用基準が異なる。自社の希望が十分反映できない ・候補者から会社についての質問に的確に返答できない

(3) その他の選考基準

選考にあたり以下の点も考慮しておく必要があります。

図表2-4-3 その他の選考基準

項目	ポイント
年　齢	応募者は概ね18歳から30歳くらい ・一般的に日本企業は若い技能実習生を採用しがちであるが、会社自体が高齢化しており同年齢の日本人がいない場合もある。そのような場合に国の慣習や言葉以外にも年齢からくる仕事の経験や考え方の違いギャップが生じ相互理解が得にくくなりがち。年齢の差は埋められないにしても採用する技能実習生を若者ばかりではなく少し年齢のいった者をいれて分散したほうが良い場合もある

（次頁に続く）

婚　歴	企業により重視する点が異なる ・家族に対する責任があり実習姿勢に信頼がおけるので既婚者を重視する企業 ・日本語や規則を覚えるのが早いので若手を重視する企業
学　歴	・概ね高校・専門学校卒業
性　格	・外交的か、内向的かなどを見る
その他	・メガネ・コンタクトの可否、利き腕、身長、体重など また、上記以外にもタトゥーのある者、宗教上、食べたり触れたりすることが難しいものがある者への受入方針は決めておく必要がある ・健康診断の結果 たいていの送出機関は、健康診断を実施しているが、日本の健康診断に比べると項目が足りないなど必ずしも十分ではない。特に検査を希望する項目がある場合、その可・不可、および費用について監理団体を通じて調査が必要

2-5 採用にあたって説明しておくことは

採用に際して、説明しておくべきこと、雇用条件の提示（給与や労働条件）において留意すべきことは何ですか？

後々、技能実習生とトラブルにならないように、条件は明確にしておきましょう。

1. 採用に際して説明しておくべきこと

まず会社の概要、実習する職種、仕事内容などを説明します。パンフレットや画像を使うとわかりやすいでしょう。

次に給与の説明をしますが、誤解されると後でトラブルになりますのでわかりやすく丁寧な説明が大事です。以下のようなケースはよくありますので注意が必要です。

図表2-5-1 **説明不足により発生するトラブル事例**

Ａ社では社長が現地に赴き、面接を行い採用者を決定した。

決定後仕事内容や給与水準について一通りの説明を済ませて帰国したが、後日、送出機関から雇用契約書について以下の連絡があった。

「昨日、技能実習生が署名をしに来たのですが、社長から、面接の時、聞いていた手取り給与額と条件書の給与額が違うとのことで、署名の保留をしております。社長からは手取りで 13 ～ 14 万円と聞いていたそうです。条件書を確認致しますと、基本給与が約 14 万円で、手取りが約 9 万円となっております。」

また、同様の理由で技能実習生が日本に来てから問題となるケースもあります。技能実習生は毎月の給与からかなりの金額を本国の家族に仕送りしているのが一般的です。技能実習生の一番の関心事は給与と言っても過言ではありません。そのため面接の時点では給与については正確に説明する必要があります。ＯＴＩＴのホームページで公開されている雇用条件書のひな型では給与について【図表 2-5-2】の項目があります。

この（1）～（3）について数字で示し、残業代を含めるとどのくらいになるか説明するのが基本です。

ただし、残業代は季節要因や受注の関係で増減することもあるので誤解のないように注意しなければなりません。その他宿舎や通勤方法、通勤時間についても面接時に質問の多い項目ですので、誤解が生じないよう、文書等で説明する必要があります。

図表2-5-2

雇用条件書における給与に関する記載事例（外国人技能実習機構（ＯＴＩＴ）ウェブサイトより）

（1）基本給与額：休日出勤や時間外手当を含まない金額

（2）控　除　額：基本給与額に基づき源泉される所得税額、社会保険料、住居費、水道光熱費、その他控除額

（3）手 取 り 額：基本給与額から控除額を差し引いた額

【B】在留資格取得手続き～査証発給まで

在留資格取得手続きから査証発給までの流れは以下の図表の通りです。
所要期間は４か月程度です。

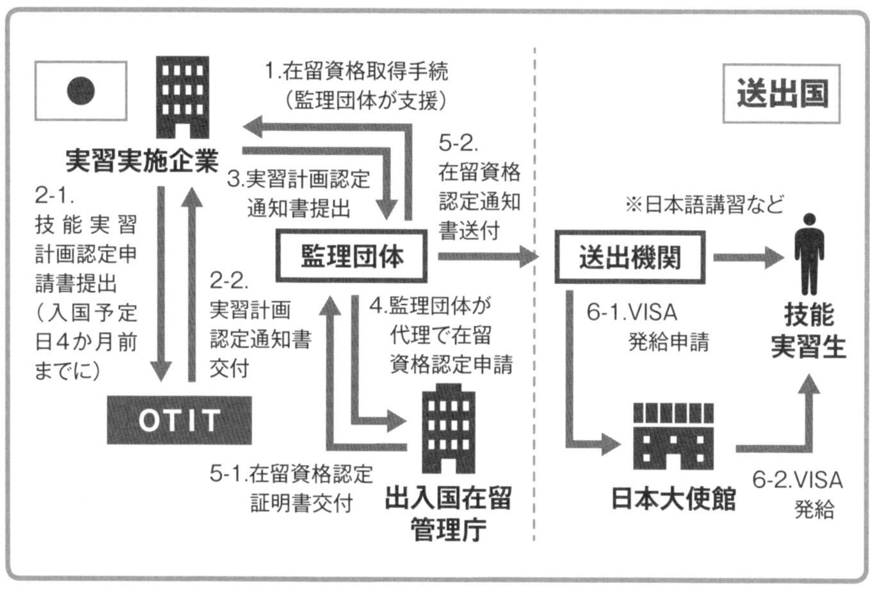

1. 実習実施企業は監理団体の支援を受けて、受入予定人材の在留資格取得手続を実施
2. 実習実施企業はＯＴＩＴに「技能実習計画認定申請書」を提出、ＯＴＩＴは審査後、「実習計画認定通知書」を実習実施企業に交付する
3. 実習実施企業は「2」で受け取った「実習計画認定通知書」を監理団体に提出
4. 監理団体はこの通知書を基に出入国在留管理庁に「在留資格認定証明書申請」を行う
5. 出入国在留管理庁が監理団体に在留資格認定証明書を交付、監理団体が同証明書を送出機関に送付
6. 技能実習生が送出機関のサポートを受けて、現地の日本大使館に VISA 発給申請、技能実習生に VISA が発給される

本ステップに関連するQ＆A

Q2-6	在留資格取得手続きから査証発給までに必要な書類

2-6

在留資格取得手続きから査証発給までに必要な書類

在留資格取得手続きから査証発給までの手続きにおいて、送出機関から送ってもらわなければならない資料があれば教えてください。

採用者が決定すると監理団体の協力を得て、在留資格取得に必要な技能実習計画認定申請に必要な各種書類の収集、作成を開始します。その際、監理団体を通じて受けとるのは【図表 2-6-1】の資料です。

図表2-6-1

送出機関から送付を受ける技能実習生に関する資料

- 技能実習生の旅券その他の身分を証する書類の写し
- 技能実習生の履歴書
- 次の①～③のうちいずれかの資料
  - ①外国の所属機関による証明書（団体監理型技能実習）
  - ②教育機関の概要書、外国の公的機関若しくは教育機関又は外国の公私の機関が実施した場合は、技能実習生が履修した科目について当該実施機関が証明する文書
  - ③技能実習を行わせる理由書、訓練実施予定表、技能実習生一覧表
- 技能実習計画の認定に関する取次送出機関の誓約書
- 技能実習の期間中の待遇に関する重要事項説明書
- 技能実習生の申告書
- 技能実習の準備に関し本国で支払った費用の明細書
- 技能実習生の推薦状
- 団体監理型技能実習生と取次送出機関との間の技能実習に係る契約書の写し
- 外国の準備機関の概要書及び誓約書
- 入国前講習実施（予定）表

＊最初の１号技能実習生の申請時に送出機関が準備する書類です。２号、３号の申請時には不要なものや日本で準備できるものがあります。

これらの書類を入国４か月前までに（申請は６か月前から可能）そろえ、実習実施企業は、技能実習計画の認定申請を、企業所在地を担当する外国人技能実習機構（ＯＴＩＴ）に提出します。

※認定申請をＯＴＩＴに提出すると同時に、実習実施企業は技能実習生の宿舎の確保・準備など、技能実習生を受け入れるための具体的な手続きに入ります（詳細は次頁の【C】を参照）。
※送出機関は並行して、選抜された技能実習生を現地の研修所に集め、日本語を中心とする講習を行っていきます。

【C】企業側での技能実習生受け入れ手続き

企業側での技能実習生受け入れ手続きは以下の図表の通りです。
【B】の期間に並行しながら実施します。

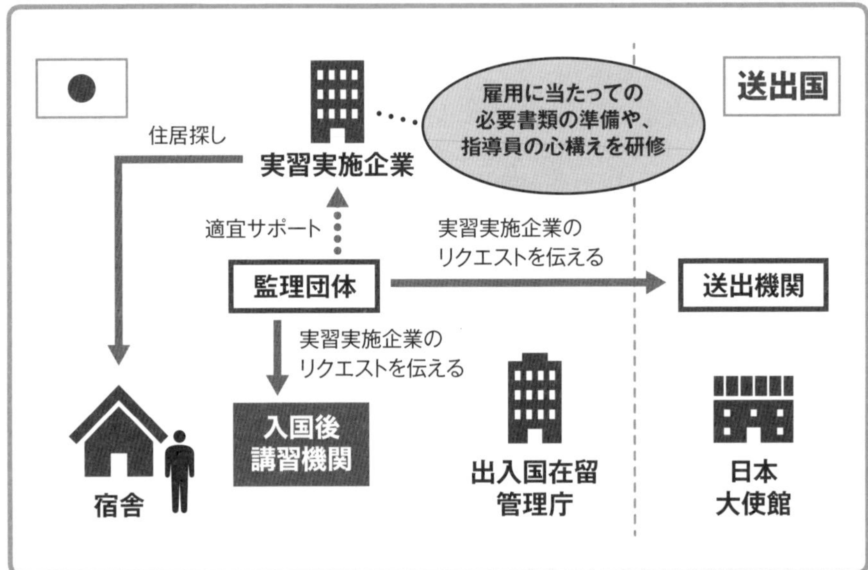

技能実習生受け入れ手続きと並行しながら各種受け入れ手続きを実施する

本ステップに関連するQ&A

Q2-7	技能実習生受け入れまでの準備事項 （社内体制の整備）
Q2-8	技能実習生受け入れまでの準備事項 （技能実習責任者、技能実習指導員、生活指導員の心構え）
Q2-9	技能実習生受け入れまでの準備事項 （住居関連で準備すべきこと）

2-7 技能実習生受け入れまでの準備事項（社内体制の整備）

受け入れを決めた後、企業側は技能実習生受け入れにあたりどのような準備が必要なのでしょうか。

技能実習の認定申請をＯＴＩＴに提出と同時に、実習実施企業は技能実習生を受け入れるための具体的な手続きに入ります。

（1）技能実習生受け入れまでの準備事項

技能実習生受け入れのための準備事項は【図表 2-7-1】のとおりです。

図表2-7-1 受け入れにあたっての準備事項

1	技能実習責任者を各事業所毎に選任	・技能実習を行わせる事業所に所属する実習計画認定の申請者又はその常勤の役職員であること ・自己以外の技能実習指導員、生活指導員その他技能実習に関与する職員を監督できる立場であること ・3年以内に技能実習責任者に対する講習として法務大臣及び厚生労働大臣が告示で定める講習を修了した者 ・実習実施者の欠格事由（※）に該当していないこと
2	技能実習指導員を1名以上、各事業所毎に選任	・技能実習を行わせる事業所に所属する実習計画認定の申請者又はその常勤の役職員 ・習得等させる技能等につき、5年以上の経験を有する者 ・技能実習指導員の欠格事由（※）に該当していない者
3	生活指導員を1名以上事業所毎に選任	・技能実習を行わせる事業所に所属する実習計画認定の申請者又はその常勤の役職員 ・生活指導員の欠格事由（※）に該当していない事
4	各種保険の届出措置	労働保険、社会保険、雇用保険等
5	送出機関からの取次	・技能実習生を受け入れる時は、監理団体が契約する送出機関からの技能実習の申込みの取次を受けた技能実習生を受け入れること

（次頁に続く）

6	指導体制等	・技能実習生に対する指導体制その他技能実習を継続的に行わせる体制が適切に整備されていること

（※）法令違反等を行った場合、「欠格事由」に相当する。
技能実習責任者、技能実習指導員及び生活指導員は各々に求められる要件を備えた上であれば、兼務することは可能。

出所：ＪＩＴＣＯ資料

(2) 技能実習生受け入れに必要な設備

技能実習生受け入れに必要な設備は次のとおりです。

実習計画認定申請のために必要な設備	・技能などの習得等に必要な機械、器具その他の設備を設置していること（技能実習計画審査基準（厚労省または OTIT の HP）参照）

(3) その他の準備事項

技能実習生の受け入れに合わせて、会社側は社内の体制を整備する必要があるため古いままの就業規則なども見直しておく必要があります。技能実習生の受け入れは、制度の見直しという観点からもよいきっかけとなっている、という企業の声も聞かれます。

2-8

技能実習生受け入れまでの準備事項（技能実習責任者、技能実習指導員、生活指導員の心構え）

技能実習指導員等に任命された社員はどのような心構えが必要でしょうか。

親身になることは必要だが、それと共に法的知識を持ち説明できるようになることが大切。

1. 技能実習責任者、技能実習指導員、生活指導員

技能実習生のお世話係として技能実習責任者、技能実習指導員、生活指導員が任命されますが、それ以外にも工場などで一緒に仕事をする上司や総務、人事の担当者も関わりを持つことになります（技能実習生の指導は、第一期生についてが最も手間がかかります。第二期生以降は、第一期生が先輩技能実習生として生活面のサポートをしてくれるので、お世話係の方の関わりの度合いは減り、負担も少なくなりますが、その分技能実習生が日本語に触れる機会が減るため、日本語の上達は遅くなるという傾向にあります）。

技能実習生との間でのトラブルを防ぐには、まず日本の労働基準法をしっかり勉強して規則に則った運用をすると同時に、技能実習生にも必要に応じて労働基準法の内容をきちんと説明することです。【図表 2-8-1】は技能実習生に関わる方が最低限知っておくべき日本の労働関連法規です。

図表2-8-1

技能実習生に関わる方たちが最低限知っておくべき法令等

- 技能実習法およびＯＴＩＴのウェブサイト
  （技能実習法の変更や細則が記載されているので随時確認が必要）
- 労働基準法（特に時間外労働や休暇についての概念を知っておく必要がある）

基本的なことは雇用条件書に日本語と技能実習生の母国語で記載されていますが、時間外勤務の残業代支払いや休日のルール、休業補償を全く理解せずに対応した結果、日本人、技能実習生双方が不満を持っている企業も少なくありません。

また、現場での指導の方法も解り易くする必要があります。「解り易く」というのは日本語の問題だけではなく「話している内容すべて」が含まれています。指導の立場になる方は、いかにして何を理解させるかを常に考えて指導する必要があります。技能実習生も自分の上司や仲間の日本人をよく観察しています。自分たちもまた技能実習生から評価されているという自覚が必要です。

2. 生活指導員の重要性

来日当初は技能実習の指導等、まずは仕事を覚えることを優先しがちで、技能実習生も互いに遠慮があり、大きな問題は生じないのが一般的です。しかし生活に慣れてきてからは、生活面でのトラブルが顕在化しがちです。その際に重要になるのが生活指導員の存在です。生活指導員は技能実習生と年齢が近かったり、性別が同じであるほうが相談しやすい面もある一方、逆に親子ほど離れた父親、母親代わりの人のほうがうまくいく場合もあります。

3. 指導員的役割として外国人を直接雇用するメリット

技能実習生が増えれば指導員の目も届きにくくなるのと同時に技能実習生同士の諍いやトラブルも増えてきます。そのような場合、取りまとめ役として技能実習生と同じ国の出身者で、日本で就労可能な在留資格を保有している人材を雇用するのも一つの方法です。一般的に彼らは日本語能力や仕事のレベルも高く日本人指導員の補佐や通訳、技能実習生のより細かい情報把握をするなどの貢献が期待できます。

4. トラブル発生時は実習実施企業と監理団体は十分にコンセンサスを取ること

技能実習生と実習実施企業、技能実習生同士のトラブルが発生した際、その解決には実習実施企業と監理団体が当ると思いますが、両者のコンセンサスが十分に取れていない場合があります。技能実習生は双方からいろいろ言われますが内容が異なると戸惑い不信感をいだくことになります。

図表2-8-2　技能実習責任者養成講習

技能実習責任者が技能実習責任者養成講習を受講していないと、技能実習計画が認定されません。

また、受講証の有効期間は３年です。

監理団体（監理責任者、指定外部役員、外部監査人）を対象とした養成講習機関一覧

養成講習機関名	連絡先	実施エリア
公益社団法人全国労働基準関係団体連合会	03-5283-1030	全エリア
公益財団法人国際人材協力機構（JITCO）	03-4306-1156	関東
株式会社ウェルネット	03-6380-1512	全エリア
株式会社 PMC	03-3352-3899	関東、中国、四国
特定非営利活動法人ビザサポートセンター広島	082-962-7744	中国
特定非営利活動法人グローバルライフサポートセンター	092-283-8891	九州
株式会社アプエンテ	03-6205-6642	関東、中部･北陸

実習実施者（技能実習責任者）を対象とした養成講習機関一覧

養成講習機関名	連絡先	実施エリア
株式会社オファーズ	027-329-7001	関東、中部･北陸
公益社団法人全国労働基準関係団体連合会	03-5283-1030	全エリア
公益財団法人国際人材協力機構（JITCO）	03-4306-1156	全エリア
株式会社ウェルネット	03-6380-1512	全エリア
一般社団法人関西環境開発センター	06-4256-5520	近畿
株式会社 PMC	03-3352-3899	全エリア
特定非営利活動法人ビザサポートセンター広島	082-962-7744	中国
特定非営利活動法人グローバルライフサポートセンター	092-283-8891	九州
株式会社事業創造コンサルティング	025-249-1117	関東、中部･北陸
株式会社アプエンテ	03-6205-6642	関東、中部･北陸

出所：法務省出入国在留管理庁・厚生労働省

Q 2-9 技能実習生受け入れまでの準備事項（住居関連で準備すべきこと）

技能実習生の住居確保に関して留意すべきことを教えてください。

1. 住居選定時の留意点

外国人実習生の住居探しにおいて、まず重要になるのが、家主に「外国人の入居可否及び入居可能な人数」を確認することです。

この点を黙って進めてしまうと、後になって入居するのが外国人（しかも家族ではなく複数人で居住）とわかると断られてしまい、また家探しを一からし直さなければならない恐れもあります。【図表 2-9-1】では技能実習生の住居選定時の留意点をまとめました。

図表2-9-1

技能実習生の住居選定に際しての留意点

- 宿泊施設の規定については技能実習計画認定申請の添付資料の「宿泊施設の適正についての確認書」に記載されている事項を遵守する必要がある（寝室については床の間・押入れを除き、1 人当たり 4.5㎡ (3 帖) を確保すること、睡眠時間を異にする 2 組以上の技能実習生がいる場合は、寝室を別にする措置を講じている等）
- 外国人入居の可否及び可能な人数を家主に確認する
- 実習実施場所までの距離と所要時間を考慮して家探しをする（徒歩または自転車通勤が望ましい）
- 技能実習生が女性の場合、特に防犯上の配慮や指導が必要（夜間勤務がある場合、夜間通勤（行き帰り）への配慮。洗濯物の干し方等）
- 防火・防災上安全な場所で適当かつ十分な消火設備が設置されていること

2. 賃貸借契約時期

ではいつ頃から技能実習生の住居を契約しておく必要があるでしょうか。【図表 2-9-2】にまとめました。

図表2-9-2

技能実習生のための住居の賃貸借契約時期

・原則
技能実習計画認定申請時に、確保する必要がある
・例外
上記時期に確保が困難な場合には、確保予定の個別具体的な宿泊施設について、その概要の資料（見取り図、写真等）を示し、申請することができる
※技能実習計画の認定後、当該宿泊施設とは別の宿泊施設に変更することになった場合には、計画の変更届出が必要となる
・住居の使用開始時期
技能実習生の入国から１か月後（講習修了時）から使用できるように準備する必要がある
また入居までに電気、ガス、水道の契約を済ませ、炊飯器、冷蔵庫、冷暖房、調理器、個人所有物の保管ケースなどの用意もしておく

3. 入寮にあたり事前に伝えておくこと

入寮にあたり事前に伝えておくことは【図表 2-9-3】の通りです。

図表2-9-3

入寮にあたり事前に伝えておくこと

・生活ルールの説明
　近隣トラブル等を未然に防ぐため、自治体のゴミ捨てルールをはじめとした生活習慣に関わることは、予めルール、規則を定めておくこと
→できれば配属前の座学講習期間中に勉強させることが望ましい
・**自己都合での住居変更は自己負担になること（技能実習生自身での契約はいずれにせよ困難）**
　実習実施企業が確保した宿泊施設とは別の物件を技能実習生が希望した場合（例えば近隣の賃貸物件を希望した場合）には、技能実習生の自己負担になることを伝えておく
　また、住居はどこでもよいわけではなく、一定の基準を満たす必要がある

→技能実習生が住居を変更した場合は、実習実施企業は技能実習計画の変更の届出が必要

4. 入居に際して必要となる費用（敷金、礼金等）・寮費・通信費等の取扱い

寮費・通信費などの取扱いは【図表 2-9-4】の通りです。

図表2-9-4　入居に際して必要となる費用（敷金、礼金等）・寮費・通信費等の取扱い

区分		取扱い
敷金・礼金等の初期費用		敷金・礼金・保証金・仲介手数料 等は実習実施企業の負担となり、技能実習生には請求しない
寮費	自己所有物件の場合	実際に建設・改築等に要した費用、物件の耐用年数、入居する技能実習生の人数等を勘案して算出した合理的な額とする
	借上物件の場合	借上げに要する費用（管理費・共益費を含む）を入居する技能実習生の人数で除した額以内の額にする
光熱費		水道・光熱費については、実際に要した費用を当該宿泊施設に同居する技能実習生の人数で除した額以内の額でなければならない
通信設備		・ほとんどの技能実習生がスマホを本国から持参してくる。日本での個人的通信契約は高額で外国人には手続きが煩雑なので宿舎で Wi-Fi が使用できるようにしておくのがふつうになっている（なお、同じ住居に複数人居住する場合はポケット Wi-Fi だと容量が足りず、据え置き型のタイプの Wi-Fi でないと機能しないこともある） ・通信費は会社が負担する場合と使用者の頭割りで技能実習生から実費を請求する場合がある。実習生は本国の家族や友人と連絡を取ったり、日本語の勉強にも Wi-Fi を利用している

5. 入居に際して事前に用意する備品

宿舎において実習実施企業が用意する備品は【図表 2-9-5】のとおりです。

図表2-9-5　入居に際して事前に用意する備品

<table>
<tr><td rowspan="3">必ず用意する備品類</td><td>技能実習生に貸与する什器備品類</td><td>・寝具類
（布団若しくはベッド、毛布、枕、シーツ類）
・衣類収納ケース（洋服ダンス、ハンガー等）
・食器類
（茶椀、どんぶり、弁当箱、スプーン）
・個人所有物の保管ケース
・その他（雑巾、ふきん、自転車通勤の場合は自転車、雨合羽等）</td></tr>
<tr><td>各部屋に用意する備品類</td><td>・冷暖房機具
（エアコン、扇風機、ファンヒーター、空調等）
・照明器具
・その他（テーブル・机、椅子）</td></tr>
<tr><td>宿舎全体で用意する備品類</td><td>・洗濯機
・物干し（物干し竿、物干し用ハンガー）
・掃除用具
（掃除機、バケツ、ほうき、ちり取り等）
・炊飯器（人数に応じて複数）
・厨房施設（ガス、水道、流し台、ガスコンロ等）
・調理器具
（包丁、まな板、鍋、しゃもじ、栓抜き、やかん、ポット）
・冷蔵庫　・電子レンジ　・食器棚
・シャワー施設　・消火器</td></tr>
<tr><td>用意したほうが良い備品</td><td>各部屋若しくは宿舎全体で用意する備品類</td><td>・アイロン
・ドライヤー</td></tr>
<tr><td colspan="2">技能実習生個人が用意するもの</td><td>・衣類関係
・洗面・入浴用品
・化粧品
・日用品等身の回りの物</td></tr>
</table>

【D】入国～入社当日まで

技能実習生の入国から入社当日までの流れは以下の図表の通りです。

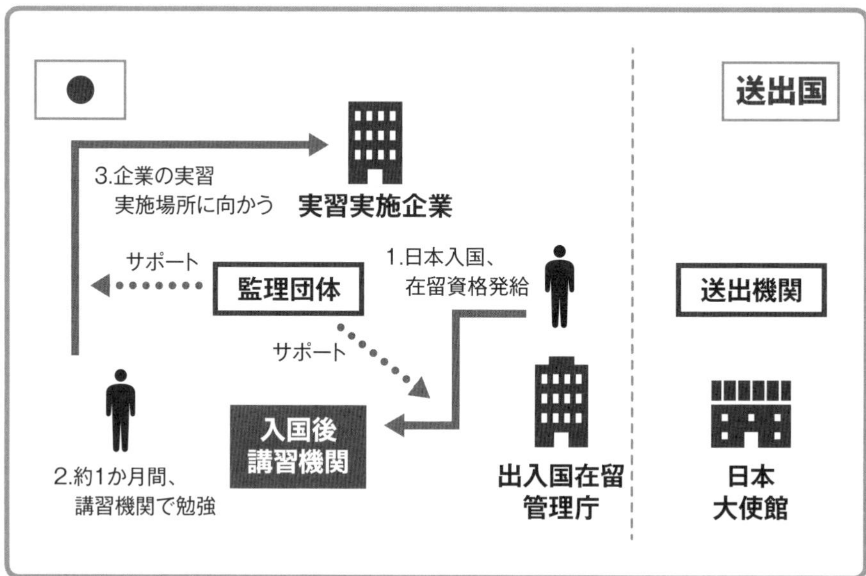

1. 技能実習生が日本入国、在留資格発給
2. 入国後講習機関で約 1 か月間、日本語や日本での生活習慣等を勉強
3. 企業の実習実施場所に向かう

本ステップに関連するQ＆A

Q2-10	入国してから入社するまでの期間に関する留意点

入国してから入社するまでの期間に関する留意点

技能実習生が入国してから入社するまでには約１か月ほど期間がありますが、その間、実習実施企業（受入企業）側で用意しておくべきことはあるでしょうか。

A スムーズな受け入れのため、出迎えからスタートできるように準備すること。

1. 技能実習生入国から入社するまでの流れ

（1）日本入国、在留資格発給

査証が発給されると技能実習生は現地での講習を修了し、送出機関が手配したフライトで日本に入国します。空港への出迎え、空港から日本語講習機関までの移動は監理団体もしくは講習機関が引率します。

（2）約１か月間、講習機関で勉強

技能実習生は講習機関で日本語、日本での生活に必要な知識、専門資格をもつ講師による労働関係法規、入国管理関係法規などの講習を受けます。

なお、この間は講習機関が用意した施設で生活をします。この間に労働することは認められていません。

（3）企業の実習実施場所に向かう

約１か月間の講習受講後、技能実習生は監理団体の案内で企業の実習実施場所に向かいます。

2. 受入当日までの実施事項

（1）社内で伝えておくこと

住居の準備や各種手続きはもちろんですが、実習がよりスムーズに進み、技能実習生と実習実施企業が良好な関係を構築できるよう、受け入れ前にできれば【図表2-10-1】のような準備を行っておく必要があります。

図表2-10-1

受け入れ前に行っておくとよいこと

・技能実習生と関わる人たちに、「ゆっくりとわかりやすい日本語」で話すように心がけることを伝えること
・社内規定の重要な部分（労働時間や休暇、給与等技能実習生の関心が高い部分）は、技能実習生の母国語に翻訳して書面で交付できる状態にしておくこと
・作業服や安全靴を実習生に支給または貸与する場合、実習生が入国後、日本語講習を受けている期間中に、講習機関の協力を得て、サイズを確認しておくこと。
・実習生の銀行口座の開設。給与振込銀行を実習実施者が指定する場合と、指定しない場合でやり方が異なる。後者の場合、通常は監理団体が支援する。

【E】入社当日の流れ

技能実習生の入社当日の流れは以下の図表の通りです。

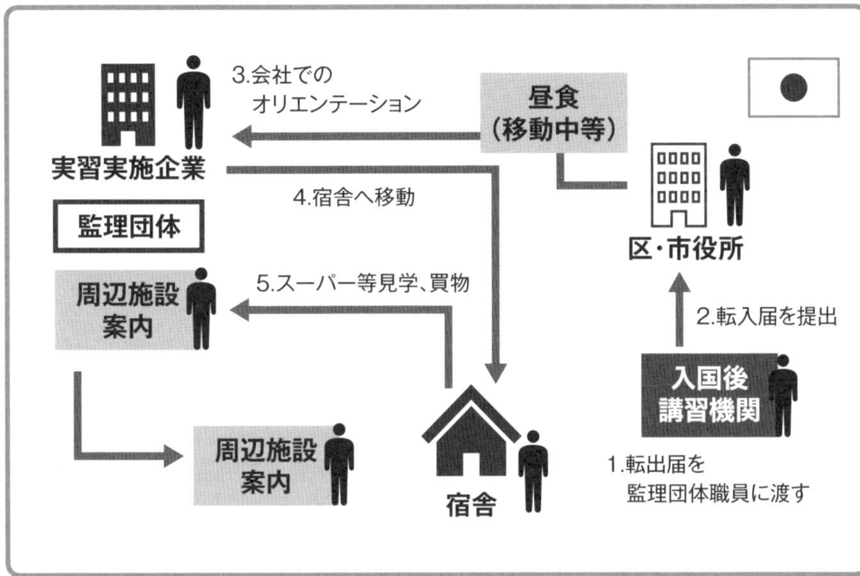

1. 入国後講習機関の宿泊施設を出発
2. 区・市役所に行き転入届を提出
3. 会社でのオリエンテーションを実施（時間的に無理がある場合、翌日に回す）
4. 宿舎に移動し、宿舎に荷物を置き、生活に関する説明を受ける
5. スーパー等生活関連施設を見学、買物
6. 夕食を支給（当日は疲れているので自炊は無理）

本ステップに関連するQ＆A

Q2-11	技能実習生受け入れ当日の動き
Q2-12	入社当日に回収したほうがよい書類
Q2-13	入社、入寮に際して事前に説明しておいたほうがよいこと

2-11

技能実習生受け入れ当日の動き

技能実習生受け入れ当日の典型的なパターンについて教えてください。

通勤方法からゴミ捨てなど、生活に関することをひととおり教えます。

1. 技能実習生受け入れ当日の手続き

技能実習生受け入れ当日の典型的なスケジュールは前ページの図表のとおりです。(講習機関の宿舎から会社までの距離、移動手段(車、電車)移動時間により順番は入れ替わることがあります。)

なお、会社までの案内、市役所の手続きは監理団体の職員と通訳が同行するのが一般的です。この配属日から会社と技能実習生の雇用関係が成立します。

図表2-11-1 技能実習生受け入れ当日の動き

1	入国後講習機関宿舎	転出届(監理団体職員が受け取る) (その後、人数によりバス、電車、車などで移動)
2	役所	転入届を提出 (その後、移動時間によるが会社で弁当等を用意)
3	会社	オリエンテーション ・着任挨拶、自己紹介、会社・工場内案内 ・関連書類の徴収(監理団体職員から) ・会社が工場等のルールを説明(監理団体が通訳)
4	宿舎	・鍵、自転車 (必要な場合) の引き渡し ・設備使用方法の説明 ・ゴミ捨て場などの注意点の説明
5	周辺施設案内	・最寄りのスーパー等への案内 ・必要な日用品や食料の購入
6	夕食	・夕食支給や先輩技能実習生と一緒に食事の準備をする等、実情に合わせて対処

Q 2-12 入社当日に回収したほうがよい書類

入社当日に技能実習生から回収したほうがよい書類について教えてください。

A 入社当日に回収しておく書類は【図表 2-12-1】のとおりです。

図表2-12-1 入社当日に回収しておく書類

書類	備考
雇用契約書・条件書	・予め作成済の日本語と技能実習生の母国語の雇用契約書及び雇用条件書各２部を用意。技能実習生の署名と会社の捺印をした原本を会社と技能実習生が１部ずつ保有
年金手帳のコピー	・自社が厚生年金保険の適用事業所の場合、配属後技能実習生は厚生年金被保険者となる ・技能実習生は、日本入国後すみやかに入国後講習機関の所在地の市 区町村において住所の届出を行う（通常、講習機関が代行）。この時、20 才以上の技能実習生は国民年金の第１号被保険者として年金手帳を取得している。年金手帳は技能実習生本人が保有するが、年金番号が必要な場合はコピーを取っておく。但し、入国後１か月間の国民年金は免除申請を行う必要がある（これも通常は、講習機関が代行）
パスポート写し	・パスポート原本は本人が保有 （会社が保管することはできない。コピーのみ保有）
在留カード写し	・通帳やカードは本人が保有 （会社が保管することはできない。コピーのみ保有）

（次頁に続く）

本国の戸籍謄本等	・扶養控除申告のため親族関係書類が必要 親族関係書類とは、次の①又は②のいずれかの書類（外国語で作成されている場合にはその翻訳文も必要）で、その国外居住親族がその納税者の親族であることを証するもの ①戸籍の附票の写しその他の国又は地方公共団体が発行した書類及びその国外居住親族の旅券の写し ②外国政府又は外国の地方公共団体が発行した書類（その国外居住親族の氏名、生年月日及び住所又は居所の記載があるもの）

入社、入寮に際して事前に説明しておいたほうがよいこと

2-13

このたび、技能実習生を初めて受け入れます。入社、入寮に際して事前に説明し、理解してもらっておいたほうが良いことがあれば教えてください。

生活ルールやマナーは国によって違うことを伝えておきましょう。

1. 日常生活について

日常生活については【図表 2-13-1】のようなことをルール化しておいたほうが良いでしょう。

図表2-13-1 **生活面について伝えておくこと**

・曜日ごとに当番を決めて、部屋の掃除をすること
・毎月、生活指導員が住居を必ず見に行くこと
・外泊する場合は外泊届を必ず提出すること

技能実習生には「おとうさん」「おかあさん」と呼ばれる技能実習生の身の回りの世話や相談に乗ってくれる人がいることを伝え、精神的な支えにしてもらうことも必要です。

また、技能実習生が孤立しないよう、日本人社員が率先して技能実習生に声をかけて、地域行事に参加させる等、常に技能実習生に気を配ることが、技能実習生が早く会社になじむことにもなり、日本語の上達にもつながり、ひいては効率的な実習遂行にもつながります。

なお、技能実習生は一つの住居に複数人で暮らすことが多いですが、同じ出身国であっても、技能実習生同士は家族ではなく、赤の他人です。そのためトイレやお風呂等、共用部分の使い方や生活マナーについて互いに不満をためこみ、ある時爆発して最終的には大喧嘩になり、実習が続けられなくなることもあります。そのた

め、不満が小さいうちに解消できるよう、生活指導員が定期的に住居を訪問したり、技能実習生一人一人の不満等について向き合うことで早い段階でトラブルの芽を摘み取る事にもなります（頻繁に技能実習生の宿舎を訪問できるようにするためにも、技能実習生の宿舎は会社とできるだけ近いことが望ましいといえます）。

技能実習生は暖かい国からきていることが多いため、冬場の日本の寒さにも慣れていません。そのため、暖房が必需品ですが、木造の住居の場合、エアコンが効きにくく風邪をひいてしまったり、電気代が驚くほど高くなることもあるため、鉄筋のアパート等が住居としては好ましいといえます。

2. 会社のルールについて

技能実習生はこれまで日本で働いた経験もない場合がほとんどであり、日本の会社の一般的なルールも知りません。それらルールを知らないことで無用なトラブルが発生する可能性があります。そのため、以下のような配慮が必要になります。

図表2-13-2

会社のルールを理解してもらうためにすべきこと

- 守るべきルールを母国語に翻訳し、送出機関に送り、入国前講習で学習させる
- 事業所の要所要所に、ルール等を翻訳したステッカーを貼る
- 毎月１回、業務中に、会社のルールについての説明会を行う

【F】実習期間中の注意 / 実習中の各種トラブル

実習期間中及び各種トラブル対応のイメージは以下の通りです。

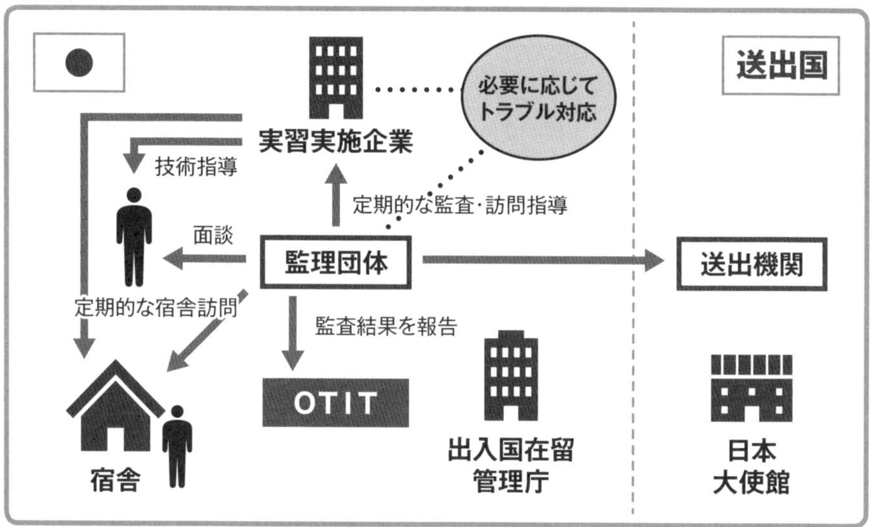

監理団体の定期的な監査を受けながら、技能実習を実施

本ステップに関連するQ＆A

Q2-14	給与・賞与の決定の方法
Q2-15	仕事ができる特定の技能実習生の給与を引上げる場合
Q2-16	技能実習生にかかる日本の社会保険・労働保険と税務
Q2-17	技能実習生が国外にいる家族を税務上の扶養に入れる場合の取扱い
Q2-18	技能実習生向け医療保険（外国人技能実習生総合保険）
Q2-19	技能実習生が喜ぶ福利厚生
Q2-20	実習実施企業における違反事項
Q2-21	技能実習生受入後の管理ポイント
Q2-22	日本語の上達方法
Q2-23	技術指導を行う場合に気を付けること
Q2-24	技能実習生から一時帰国の要望が出た場合
Q2-25	技能実習生が死亡した場合の取扱い（各種届出、葬儀の取扱い等）
Q2-26	技能実習生の解雇
Q2-27	技能実習第１号から２号、２号から３号に移行するための手続き

2-14

給与・賞与の決定方法

技能実習生の給与はどのように決めたらよいでしょうか。また、賞与についてはどうすればよいでしょうか。

技能実習生だからといって給与を低くしてはいけません。最低賃金のルールが適用されます。仕事内容に応じて支払います。

1. 給与について ～最低賃金以上、同一労働同一賃金は遵守～

(1) 賃金水準

給与は、各都道府県の最低賃金（及び職種によって最低賃金が決まっている場合、それも考慮）を目安に、それを下回らないように設定します。また、最低賃金は毎年 10 月に改定されるため、最低賃金の時給を給与としている場合は毎年の給与改定が必要になります。

給与の支給形態として時給以外に日給、月給がありますが、いずれの形態の場合も時給換算で最低賃金以上でなければなりません。時給や日給の場合は労働時間・日数によって毎月の給与が変動することになります。

個別企業や業種によっては、時給ベースで最低賃金を上回る給与を支払っている場合もあります。また、同一労働同一賃金の原則は守る必要があり、技能が同程度の日本人と給与水準が同じである必要があり、低い場合には合理的な説明が求められます。

給与水準については、スキルアップや貢献度を評価し 2 年目、3 年目に少しずつ給与を上げていったり、日本語レベルや技能検定試験の合格を昇給に反映させている企業もあります。

その他、毎月皆勤手当を 5,000 円支給するケースもあります。

なお、基本給与と最低賃金との比較や昇給率は一定条件で「優良要件適合」のスコアに加点されることになっています。

(2) 建設業の技能実習生の給与水準等の見直し

国交省は、建設業の技能実習生と建設就労者の受け入れ基準を見直しました。給料を月給制に統一するなど、給料の安定的な支給を主眼とした対策が、2020 年 1 月 1 日から実施されています。

図表2-14-1 建設分野における受入れ基準の見直しについて

	※2019.4.1より適用	※2020.1.1（人数枠の設定は2022.4.1）より適用	※2020.1.1より適用（「その他」は公布日より適用）
	特定技能 （新設した基準）	**技能実習** （下線部：追加する基準）	**外国人建設就労者受入事業** （下線部：追加する基準）
受入企業に関する基準	・外国人受入れに関する計画の認定を受けること ・建設業法第３条の許可を受けていること ・建設キャリアアップシステムに登録していること ・建設業者団体が共同して設立した団体（国土交通大臣の登録が必要）に所属していること等	・技能実習計画の認定を受けること ・**建設業法第３条の許可を受けていること** ・**建設キャリアアップシステムに登録していること** 等	・適正監理計画の認定を受けること ・建設業法第３条の許可を受けていること ・**建設キャリアアップシステムに登録していること** 等
処遇に関する基準	・１号特定技能外国人に対し、 ▶日本人と同等以上の報酬を ▶安定的に支払い、 ▶技能習熟に応じて昇給を行うこと ・１号特定技能外国人に対し、雇用契約締結前に、重要事項を書面にて母国語で説明していること ・１号特定技能外国人を建設キャリアアップシステムに登録すること等	・技能実習生に対し、 ▶日本人と同等以上の報酬を ▶**安定的に支払うこと** ・雇用条件書等について、技能実習生が十分に理解できる言語も併記の上、署名を求めること ・**技能実習生を建設キャリアアップシステムに登録すること**　※１号実習生は、２号移行時までに登録完了すればよい 等	・外国人建設就労者に対し、 ▶日本人と同等以上の報酬を、 ▶**安定的に支払い、** ▶**技能習熟に応じて昇給を行うこと** ・**外国人建設就労者に対し、雇用契約締結前に、重要事項を書面にて母国語で説明していること** ・**外国人建設就労者を建設キャリアアップシステムに登録すること** 等
その他	・１号特定技能外国人（と外国人建設就労者との合計）の数が、常勤職員の数を超えないこと	・**技能実習生の数が常勤職員の総数を超えないこと**　※優良な実習実施者・監理団体については免除	・**（１号特定技能外国人と）**外国人建設就労者**（との合計）**の数が、常勤職員の数を超えないこと

前頁の表に係る注意書

（※）技能実習・外国人建設就労者受入事業の新基準については、制度施行日以降に申請される１号技能実習計画・新規の適正監理計画の認定より適用予定。

（※）外国人建設就労者受入事業による外国人の新規の受入れの期限（2020 年度末まで）及び当該事業による外国人の在留期限（2022 年度末まで）については、変更無し。

出所：国土交通省

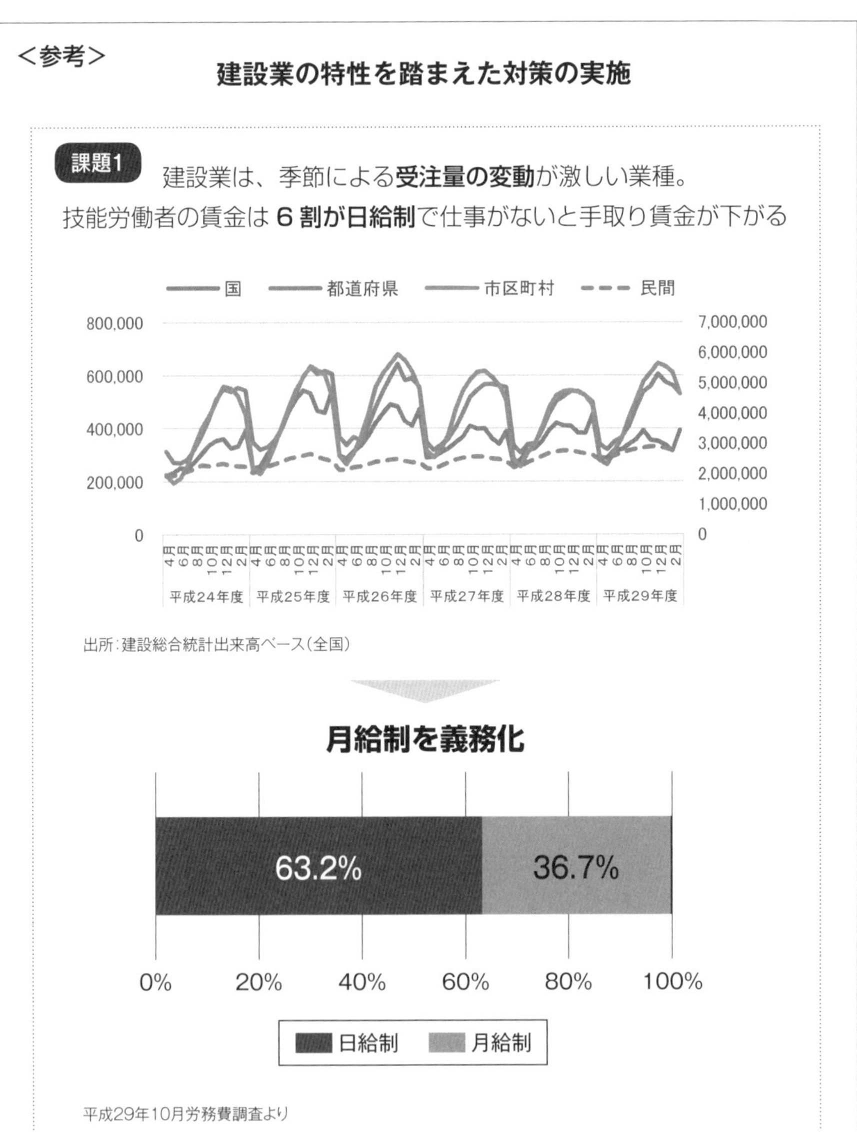

課題2　建設業は、受注した工事ごとに**就労する現場が変わる**

・雇用主による労務管理、就労管理が難しい
・現場ごとに他業者との接触が多く、引き抜き等の可能性が高い

建設キャリアアップシステムの登録義務化

課題3　**現場管理は元請、労働者を雇用**するのは
下請の**専門工事業者**で、中小零細業者が大半

建設業許可を要件化　受入人数枠の設定

出所：国土交通省

(3) 技能実習生のお金の使い道

技能実習生は受け取った給与から生活費を差し引き、残りの大部分を本国の家族に送金しています。送金されたお金は家族の生活費や兄弟の学費、家の建設費などに使われています。中には一家で行っている農園などの事業資金にしていたり、夫婦あるいは兄弟姉妹で実習に来ているケースもあります。

2. 賞与について～出す企業と出さない企業がある

賞与は出さなければいけない、というわけではありません。数万円（5 万円）程度を渡す企業もありますが、支給しない企業も少なくありません。

2-15

仕事ができる特定の技能実習生の給与を引上げる場合

当社の外国人技能実習生１期生のＤ君の職務遂行能力が非常に高く、同部署の３期生と同賃金である事に疑問を感じています。時期を見てＤ君の時給増加を検討したいと考えています。本社工場１期生、２期生、３期生の中でＤ君だけ賃金を増加する事について何か問題は発生するでしょうか？

一律でなければならないわけではないが、他の技能実習生と差があることでトラブルにならないように気をつけること。

1. 特別扱いは危険、すぐに広まる

一般的に技能実習制度では、実習計画に基づき全員同じ作業をしているので、仕事内容に差が付きにくいため１年目、２年目、３年目と一年ごとに同期生全員の給与を同額上げているケースは良くありますが、個別に個人を優遇しているところはあまりありません。よくやってくれている技能実習生に報いたいという考えはよくわかります。

ただ、ご懸念されているとおり、Ｄ君の時給増加のニュースはすぐに他の技能実習生に伝わりますので他の技能実習生に説明できる合理的かつ具体的な理由が必要になります。

Ｄ君の実績に報いるのはよいことですが、そのために他の技能実習生の士気が下がり不満が広がることは避ける必要があります。

2. 特定の人材のみ昇給する場合の取り扱い

以下の事項を実施したうえで昇給する必要があります。

給与額は本国の家族に多額の送金をしている一般的な技能実習生にとっては最大の関心事である点を踏まえて対応してください。また、外国人（アジア、欧米を問わず）の処遇については給与とともに、メンツやプライド（着任時期、年齢、学歴等による）を配慮する必要があるのは日本人と同様です。

図表2-15-1

特定の人材のみ昇給させることを検討する場合

・他の技能実習生と比べて給与が高くなる理由を明確にして制度化する
例：班のリーダーにするなど仕事の違いを明確にする
（他の技能実習生の具体的仕事の内容とレベルをできれば書面にして説明）
・他の技能実習生もＤ君と同様の仕事内容とレベルになれば給与増加のチャンスがあるようにしておくことも必要
→要は仕事の質や能力と給与に関する評価表を作成することが重要

技能実習生にかかる日本の社会保険・労働保険と税務

技能実習生を受け入れるに際し、日本人を雇用する場合と社会保険の取扱いに何らかの違いはあるでしょうか。

A 日本人労働者同様、社会保険・労働保険に加入するが、その他、条約で変わるところもあるので注意してください。

1. 社会保険・労働保険の取扱いは日本人と変わらない

技能実習生にかかる社会保険・労働保険の取扱いは日本人と特段異なることはありませんが、【図表 2-16-1】では適用事業所に雇用される場合とそうでない場合の相違点についてまとめました。

図表2-16-1 適用事業所とそうでない場合で異なる社会保険・労働保険の取扱い

	適用事業所に雇用される場合	適用事業所ではない事業所に雇用される場合
厚生年金	厚生年金が適用される	厚生年金の適用はないため、国民年金の被保険者になる
健康保険・介護保険（※）	健康保険が適用される	健康保険の適用はないため、国民健康保険への加入が必要になる
雇用保険	雇用保険の届出措置	暫定任意適用事業は、労働保険（雇用保険、労災保険）に加入するかどうかは事業主の意思やその事業に使用されている労働者の過半数の意思にまかされています。
労災保険	労災保険の届出措置	

（※）40 歳以上 64 歳以下の技能実習生については、介護保険の被保険者になります

（注）厚生年金の適用事業所とは、株式会社などの法人の事業所（事業主のみの場合を含む）です。また、従業員が常時 5 人以上いる個人の事業所についても、農林漁業、サービス業などの場合を除いて厚生年金保険の適用事業所となります。

2. 税務の取扱いも日本人と同じ、ただし中国からの技能実習生のみ取扱いが異なる

(1) 中国からの技能実習生の取扱い

①日中租税条約に基づく免税措置

日中租税条約第21条に該当する場合、日本の所得税、住民税が免税になります。

図表2-16-2

日中租税条約

第21条（学生・事業修習者）

専ら教育若しくは訓練を受けるため又は特別の技術的経験を習得するため一方の締約国内に滞在する学生、事業修習者または研修員であって、現に他方の締約国の居住者であるもの又はその滞在の直前に他方の締約国の居住者であったものがその生計、教育又は訓練のために受け取る給付又は所得については、当該一方の締約国の租税を免除する

第2条（対象税目）

この協定が適用される租税は、次のものとする

(a) 中華人民共和国においては・・・(省略)

(b) 日本国においては、

（ｉ）所得税　（ii）法人税　（iii）住民税

②免税のための具体的な手続きの流れ

中国からの技能実習生だからと言って会社の判断で勝手に免税にするわけにはいきません。具体的には「様式8　租税条約に関する届出書（教授等・留学生・事業等の修習者・交付金などの受領者の報酬・交付金等に対する所得税及び復興特別所得税の免除)」に在留資格認定証明書の写し、パスポートの写し、在留カードの写し、技能実習計画書、企業のパンフレット等を添えて、会社（給与支払者）から所轄税務署に提出する必要があります。

なお、技能実習生の所得は高くないため、所得税自体は免除されてもわずかですが、住民税の額はそれなりに大きいため、租税条約の適用を受けることができると、技能実習生にとってはメリットがあります。

③手続きを知らずに源泉徴収していた場合の取扱い

上記手続きを知らずに中国からの技能実習生の給与から源泉徴収をしていた場合は、「租税条約に関する源泉徴収税額の還付請求書（様式 11）」を税務当局に提出することで、還付の手続きを行うことができます。

(2) 中国以外からの技能実習生の取扱い

日本の所得税、住民税の取扱いも日本人社員と同様です。

※中国以外の国における「学生·事業修習者条項」でも、上記とよく似た取決めはありますが、中国と異なり「滞在している国（日本）以外の国からの給付のみ」が対象とされていることが多く、この場合は日本国内から支給される金額は「滞在している国からの支払い」であるため、所得税や住民税の免除の対象になりません。

技能実習生が国外にいる家族を税務上の扶養に入れる場合の取扱い

2-17

技能実習生の国外にいる扶養家族は、日本の所得税法上、扶養控除の対象になるのでしょうか。

海外に居住している家族も、扶養控除の対象になります。

1. 技能実習生の国外に居住する扶養家族が扶養控除の対象になるための要件

技能実習生の国外にいる扶養家族が、日本の所得税法上、扶養家族の対象になるか否かの基準は【図表 2-17-1】のとおりです。このように配偶者控除、扶養控除等の適用可否にあたっては、対象となる家族が海外に居住している場合であっても、【図表 2-17-1】の条件を満たせば、扶養控除の対象にすることが可能であり、子女の年齢によっては、特定扶養親族の対象にすることができます。

図表2-17-1 **国外にいる家族が、所得税法上の扶養家族に該当するための条件**

・本人の配偶者または親族（6親等内の血族、3親等内の姻族）
（【図表 2-17-2】参照）
→「親族関係書類」が必要（【図表 2-17-3】参照）
・正しい方法で送金が行われていること
→「送金関係書類」が必要（【図表 2-17-3】参照）
・本人と生計を一にすること
・年間の所得金額が 38 万円以下であること
（ここでいう年間所得金額は「国内源泉所得」を指すため、国外での所得は含まないが、国外での所得が非常に高額な場合は、外国人社員から当該家族に送金が行われていても「生計を一にしている」とみなされない可能性）
・他の者の扶養家族になっていないこと

・送金額が家族の生活費として適正であること（金額、頻度は問わないが、複数の家族に送金する際、送金手数料節約のために、代表となる家族に数人分をまとめて送金した場合は、振り込み先の名義の人しか控除の対象にならないので各個人ごとに振り込む必要がある。仮に子供であっても母親などの口座ではなく、本人の口座に振り込む必要がある。

→技能実習生受け入れに際しての会社側の心構えについてはQ 2-8 を参照

コラム

2020 年 4 月より、健康保険の扶養家族は国内居住者に限定されています。

この項では、税務上の扶養家族の範囲について解説していますが、健康保険制度の扶養家族の範囲についても知っておきましょう。

健康保険法の改正法が施行され、技能実習生や新たな在留資格「特定技能」（第 3 章で解説）の外国人が海外に残した家族には、保険が適用されなくなりました。

日本の健康保険制度で自国の家族にもメリットがあると感じて日本にやってくる方にとっては、制度改正によってそれがなくなりますので、事前に理解しておいてもらうことも必要と思われます。

2. 対象となる家族の範囲 ～6親等内の血族、3親等内の姻族

対象となる家族の範囲を図解すると【図表 2-17-2】のとおりです。

図表2-17-2　6親等の血族・3親等の姻族の範囲

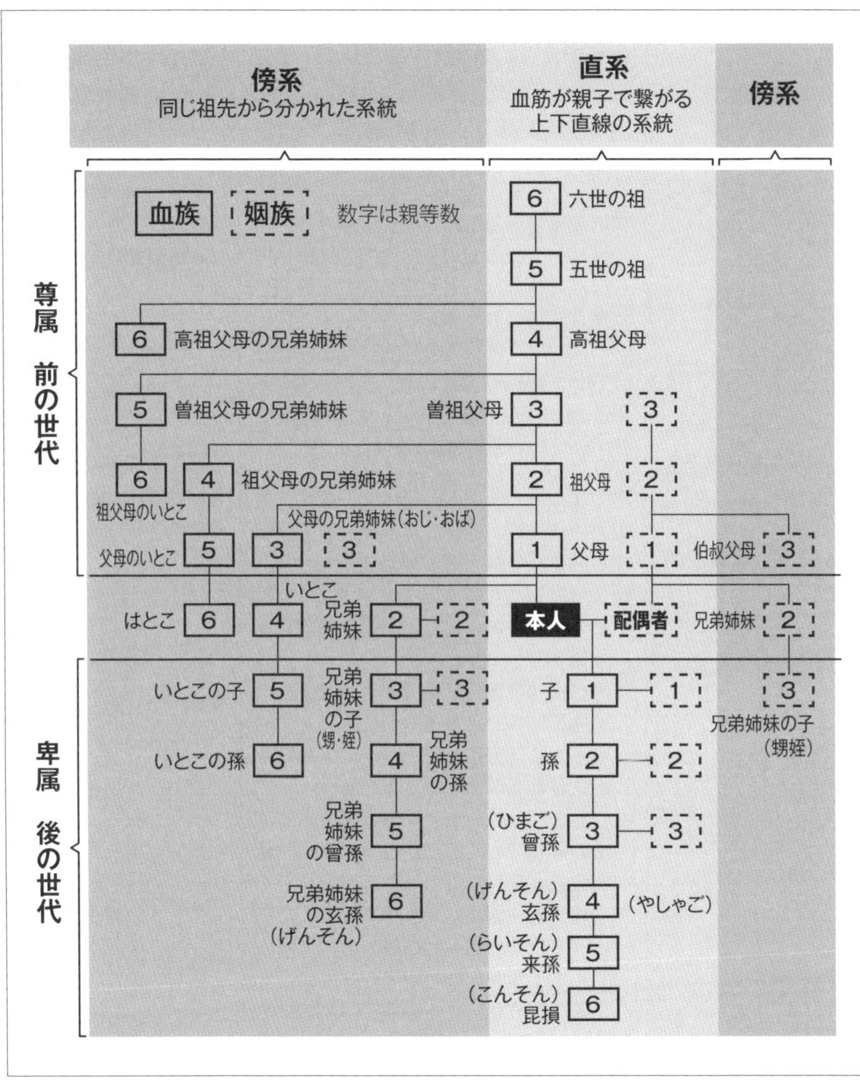

3. 源泉徴収や年末調整の際に必要となる書類 ～親族関連書類、送金関係書類

源泉徴収や年末調整の際に必要となる書類は【図表 2-17-3】の通りです。

図表2-17-3　源泉徴収や年末調整の際に必要となる書類

	具体的な書類	提出時期
親族関係書類 ※外国語の場合、日本語への翻訳が必要	次の①又は②のいずれかの書類（外国語で作成されている場合にはその翻訳文も必要）で、その国外居住親族がその納税者の親族であることを証するもの ①戸籍の附票の写しその他の国又は地方公共団体が発行した書類及びその国外居住親族の旅券の写し ②外国政府又は外国の地方公共団体が発行した書類 （その国外居住親族の氏名、生年月日及び住所又は居所の記載があるものに限る）	・扶養控除等申告書の提出時 ・配偶者特別控除申告書の提出時 ・確定申告時
送金関係書類 ※外国語の場合、日本語への翻訳が必要	その年における次の①又は②の書類（外国語で作成されている場合にはその翻訳文も必要）で、その国外居住親族の生活費又は教育費に充てるための支払いを、必要の都度、各人に行ったことを明らかにするもの ①金融機関の書類又はその写しで、その金融機関が行う為替取引によりその納税者からその国外居住親族に支払いをしたことを明らかにする書類 ②クレジットカード発行会社の書類又はその写しで、そのクレジットカード発行会社が交付したカードを提示してその国外居住親族が商品等を購入したこと等及びその商品等の購入等の代金に相当する額をその納税者から受領したことを明らかにする書類 （所法 1203、所令 262、所規 47 の 2）	・年末調整の実施時 ・配偶者特別控除申請書の提出時

出所：国税庁ウェブサイト「No.1180 扶養控除Q＆A」にもとづき作成
https://www.nta.go.jp/m/taxanswer/1180_qa.htm

2-18

技能実習生向け医療保険（外国人技能実習生総合保険）

技能実習生は日本の健康保険に加入しているため、日本人と同様に健康保険が利用できるはずですが、技能実習生向けの医療保険が存在すると聞きました。
この制度について教えてください。なぜ健康保険以外にこのような制度が存在するのでしょうか。

技能実習生でも安心して医療が受けられるように、医療費の自己負担分をカバーする民間の医療保険があります。

1. 外国人技能実習生総合保険とは

技能実習生は健康保険または国民健康保険に加入しています。しかしこれらの保険では医療費の３割が自己負担であるため、給与水準が低い場合は、この３割の自己負担でも技能実習生にとっては重いことから、体調が悪くても医療機関から足が遠のくことになります。

法務省の「技能実習生の入国・在留管理に関する指針」では「毎年、不慮の事故や疾病に遭遇する技能実習生が見受けられることから、関係法令に基づき健康保険等に加入することはもちろんのこと、これらの公的保険を補完するものとして民間の傷害保険等に加入することについても、技能実習生の保護に資するものといえます。」とあります。この公的保険を補完する保険は、実習実施企業または監理団体が加入者となり、技能実習生の日本での病気や就業時間外の傷害事故をカバーする団体保険で「外国人技能実習生総合保険」といわれています。技能実習生が母国出発から帰国するまで、講習期間を含む実習実施期間中を含んでこの保険でカバーされることになります。

治療費用については、国民健康保険、健康保険等の資格取得時期を考慮し、一定期間は治療費用が 100％補償されるなど、技能実習生が医療費について自己負担することができるだけ生じないようになっています。

※なお、監理団体の中には、実習実施企業が外国人技能実習生総合保険に加入することを契約の条件にしているケースもあります。

2. 保険料

外国人技能実習生総合保険の保険料は保険会社や付保額により異なり、一例として令和２年５月時点での JITCO の保険の保険料と保険金額は以下の通りです。

図表2-18-1　外国人技能実習生総合保険の保険料

タイプ	保険金額						保険料		
	傷害		疾病		賠償責任	救援者費用	治療費用100%補償期間	滞在期間…12か月 保険期間…13か月	滞在期間…36か月 保険期間…37か月
	死亡・後遺障害	治療費用	死亡	治療費用					
1	1,000万円	100万円	1,000万円	100万円	1億円	300万円	15日	13,330円	30,020円
							1か月	13,810円	30,500円
							2か月	14,070円	30,950円
2	1,500万円	100万円	1,500万円	100万円	1億円	300万円	15日	17,340円	39,210円
							1か月	17,910円	39,810円
							2か月	18,130円	40,250円
K	1,000万円	70万円	1,000万円	70万円	5,000万円	200万円	15日	11,140円	25,030円
							1か月	11,430円	25,340円
							2か月	11,610円	25,680円
A	700万円	100万円	700万円	100万円	3,000万円	200万円	15日	10,720円	23,900円
							1か月	11,130円	24,320円
							2か月	11,380円	24,720円
B	1,000万円	100万円	1,000万円	100万円	3,000万円	200万円	15日	13,080円	29,450円
							1か月	13,550円	29,920円
							2か月	13,830円	30,380円
C	1,500万円	100万円	1,500万円	100万円	3,000万円	200万円	15日	17,070円	38,610円
							1か月	17,650円	39,210円
							2か月	17,860円	39,640円
D	700万円	300万円	700万円	300万円	3,000万円	200万円	15日	19,650円	42,840円
							1か月	20,390円	43,520円
							2か月	21,180円	44,580円
E	1000万円	300万円	1000万円	300万円	3,000万円	200万円	15日	22,000円	48,420円
							1か月	22,750円	49,300円
							2か月	23,490円	50,190円
F	1,500万円	300万円	1,500万円	300万円	3,000万円	200万円	15日	26,210円	57,690円
							1か月	27,000円	58,540円
							2か月	27,820円	59,560円

この他、３号技能実習の２年間をカバーする保険もあります。

出所：JITCO「JITCO の支援サービス　外国人技能実習生総合保険　特定技能外国人総合保険（JITCO 保険）」https://www.JITCO.or.jp/ja/service/protection/

2-19 技能実習生が喜ぶ福利厚生制度

どのような福利厚生が一般的には行われていますか？

技能実習生の喜ぶものや身につくものを提供しましょう。

福利厚生事例

外国人技能実習生を受け入れている企業においては、どのような福利厚生を提供しているのでしょうか。【図表 2-19-1】にまとめてみました。レクリエーション活動も、企業にとっては優良要件適合者の判定に関わるため重要です。なお、実習期間中の一時帰国に関しての金銭的補助を行っている企業はほとんど見られません。

図表2-19-1　よくある福利厚生事例

社員旅行	・国内でバスなどを借り切って実施するケースが多いが、中には技能実習生の母国に社員旅行を計画し、技能実習生の一時帰国を兼ねているケースもある
着物の着付け教室	・非常に喜ばれるし、「日本文化を勉強する機会を与えている」として「優良要件適合者」の判定の加点対象になる
イベント	・お花見、忘年会、新年会 ・自治体が主催する国際交流のイベントに参加 ・その他、各地域にボランティアによる日本語教室があるので、そこに案内し日本語を継続的に学習する機会を与えるのもよい
日本語検定の受験費用補助	・日本語検定に合格したら給与アップ等をしている企業もある

2-20

実習実施企業における違反事項

技能実習生を受け入れる企業において、労基署から違反行為として指摘される行為にはどのようなものがあるのでしょうか。

　データのとおり、労基署も厳しくチェックしていますので違反のないようにしましょう。

1. 労働基準監督署から監督指導が行われたケース

労働基準監督署から実習実施企業に対して監督指導が行われたケースは、次頁の【図表 2-20-1】のとおりです。

2. 上記のような監督指導が行われることの根本的問題

上記のような監督指導が行われることの根本的な問題として「実習実施者が日本の労働法を理解していないこと」「技能実習生の取り扱いについて十分に理解していないこと」があげられます。そのため、技能実習生の管理を担当する方については、十分な法令の理解が必要になります。

図表2-20-1 監督指導状況（平成 28 年度全産業）

全国の労働基準監督機関において、実習実施者に対して監督指導を行った件数

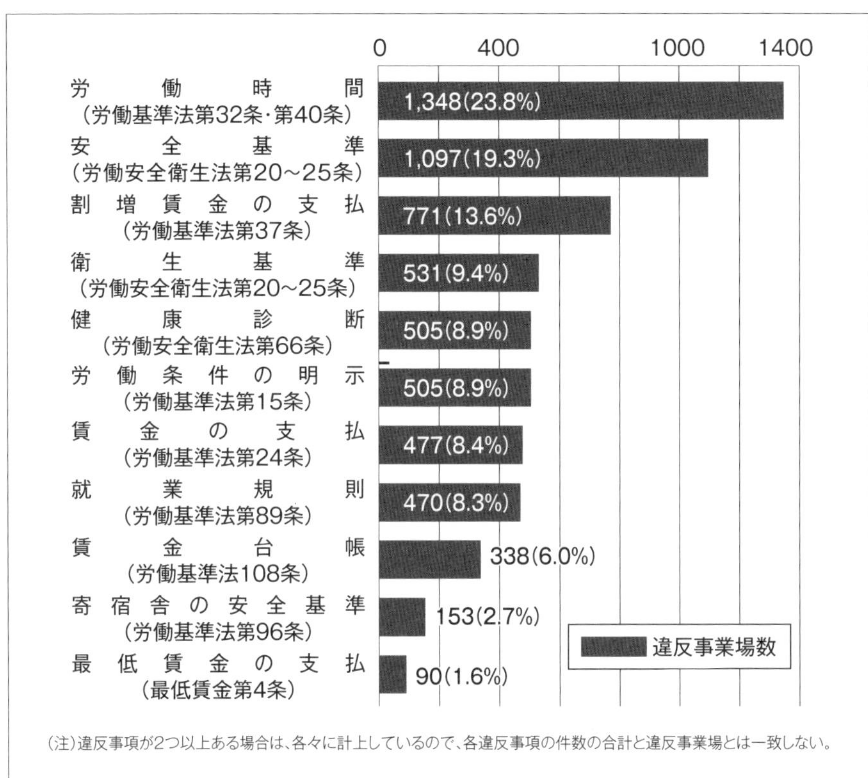

（注）違反事項が2つ以上ある場合は、各々に計上しているので、各違反事項の件数の合計と違反事業場とは一致しない。

出所：厚生労働省「外国人技能実習制度の現状、課題等について」（平成 30 年 3 月 23 日）

2-21

技能実習生受け入れ後の管理ポイント

技能実習生を受け入れた後、トラブルなどが生じないようにするために気を付けたほうがよい点を教えてください。

長年の制度運用の中でわかった、トラブルがおきないためのポイントがありますので注意しましょう。

受入後の管理ポイント

技能実習生が行う業務や宿舎、労務管理について具体的に必要な事項は技能実習法および運用要領に規定されています。

監理団体が定期的に行う監査の実施概要にも順守項目が記載されており、参考にされるとよいでしょう。実習実施企業の順守項目、管理や確認するポイントを概略をまとめると以下のようになります。

(1) 業務面でのポイント

業務面でのポイントは以下の通りです。

図表2-21-1　会社としての技能実習生への基本的順守事項、管理・確認項目

管理ポイント	留意点
認定計画と異なる作業に従事させていないこと	・関連している業務だからよいだろうというのは間違い（実施できる関連作業も決められている）
技能実習が認定計画どおりに進捗していること	・深夜作業は突発的な場合に限る予定だったが、計画を進めるうちに深夜作業がメインになっている場合は問題がある
他の事業主の下で業務に従事させていないこと	・自社の子会社や関連会社で働くのは認められない

（次頁に続く）

業務に従事させる時間の配分が適切であること	・必須作業（主たる業務）が少なくて、関連作業（従たる業務）がメインになっているのはアウト 例：体格が良いから主として荷物運びに使っている場合等
入国後講習の期間中に業務に従事させていないこと（1号のみ）	・一般的には学校に入っているのであり得ないがまれに起こることがある 例：講習期間中に日本語の上達を見るための面談と称しその時間を使って作業をさせる等
安全衛生に配慮して適切に業務を行わせていること	・職場環境を整えることが重要、とびなどは、法律で安全講習を受けることが義務付けられているため、技能実習生にも必ず受けさせなければならない
不法就労者や他の事業者に所属する技能実習生を業務に従事させていないこと	・人が欲しくて誰も来てくれない業種などはこのようなケースもありうるが、やってはいけない

(2) 技能実習生の保護に関するポイント

技能実習生の保護に関するポイントは以下の通りです。

図表2-21-2　会社としての技能実習生への基本的順守事項、管理・確認項目

管理ポイント	留意点
技能実習生に対して暴行・脅迫・監禁等の不法行為をしていないこと	・パワハラ、セクハラには特に注意すること
預金通帳の管理など不当な財産管理を行っていないこと	・なくさないためにと、会社の金庫にあずかるのも不当な財産管理とみなされる（在留カード、パスポートを含め、本人から頼まれても預かってはならない）
技能実習生の私生活の自由を不当に制限していないこと	・門限を設定することは「私生活の自由を制限している」ことになりうるので注意が必要（よく話し合って決めること） ・休み中の外出については、外出先を伝えてもらったほうが事故などに巻き込まれた場合に事態の把握が早いが、強制することは難しい

(3) 待遇面でのポイント

待遇面でのポイントは以下の通りです。

図表2-21-3 会社としての技能実習生への基本的順守事項、管理・確認項目

管理ポイント	留意点
雇用契約に基づき適切に報酬を支払っていること	・工場など時間管理ができている場合は問題ないが、建設現場や農家などはどこまでが労働時間なのか、という点でもめることがある
最低賃金を下回っていないか(毎年 10 月の最低賃金改定時には要注意)	—
他の日本人従業員との賃金格差は妥当か(同一業務同一賃金にする必要がある)	・技能レベル、責任の範囲、福利厚生等、日本人従業員との違いを整理しておくこと
労働時間を適正に記録しており、認定計画と異なる労働時間となっていないこと	・ほとんどの技能実習生はたくさん稼ぐことができるため、残業は歓迎するが、過度に長い残業時間は健康上の理由だけでなく、労基法違反として処罰を受けることがある
36 協定が遵守されていること	—
休日、休暇等を適切に付与していること	・日本人の社員に適用している就業規則と全く同じ条件で付与しなければならない(雇用条件書に記載されている通りにする) ・トラブル防止のため、有給休暇の管理と有給休暇の残日数の情報共有は技能実習生との間でしっかり行っておく必要がある
適切な宿泊施設を確保し、施設の状況や収容定員に認定計画からの変更がないこと	・エアコンがついている部屋とついていない部屋がある場合等、技能実習生から「不公平である」と苦情が生じる
技能実習生が負担する食費、居住費等が適正なものであること	・実費を超えて技能実習生から控除するのは違法であるので注意(ただし会社の保有資産である場合は、「実費」の定義が難しい)
宿泊施設の衛生状況等の生活環境が適切に整備されていること	・技能実習生の室内の使用状況を企業側が定期的に確認し、状況が悪い場合は技能実習生に改めるように指導すること

(4) 管理面でのポイント

管理面でのポイントは以下の通りです。

図表2-21-4 会社としての技能実習生への基本的順守事項、管理・確認項目

管理ポイント	留意点
技能実習生の管理簿を適切に作成していること	技能実習生の生年月日、在留カード等の情報をきちんと管理しておくこと
「認定計画の履行状況に係る管理簿（※）」を適切に作成していること (※)OTITの書式(参考様式3-1号)	実習が計画通りに進んでいるかを明記するための書類を準備しておくこと ※作成を忘れがちなので注意（監査の時に確認されるので備えておくこと）
「技能実習日誌（※）」を適切に作成していること (※)OTITの書式(参考様式4-2号)	技能実習生に従事させた業務と指導の内容を日々記録していくことが必要

(5) 技能実習生の観察ポイント

技能実習生について観察しておくべきポイントは以下の通りです。

なお、同じ住居に技能実習生が複数で居住している場合、最初は一緒に自炊等をしていることも多いようですが、次第にそれぞれの生活リズムができ、食事なども個々で母国の料理などを作って食べ、休日も別行動していることが多いようです。

図表2-21-5 会社としての技能実習生への基本的順守事項、管理・確認項目

ポイント	留意点
お金の無駄使いはないか？	・定期的に聞き取り等を行う
技能実習生同士でお金の貸し借りはないか？	・トラブルのもとになるので、勧めない
病気やけがを我慢していないか？	・実習実施企業側から定期的に確認する必要がある
室内は整理整頓され、清潔に保たれているか？	・特に、キッチン、浴室、トイレ等の共用部に注意
無断外泊ないし部外者を泊めることがないか？	・女性が５人借り上げアパートに住んでいて、うち１人がボーイフレンドを連れてきてけんかになったケースなどもあるので注意が必要 ・宿舎での過ごし方に関する最低限のルールは必要

2-22

日本語の上達方法

日本語を上達させるためのインセンティブとして何か良い方法があれば教えてください。

受け入れ企業が日本語の習得をサポートしてくれるとわかると、上達が早くなります。

1. 日本語上達の重要性

外国人技能実習生を受け入れている企業において技能実習生への要望として最も多いのが「日本語の上達」です。日本語が不十分であると日本人社員とのコミュニケーションができず、報告・連絡・相談などがうまく行われません。その結果、社内のルールが守られなかったり、技術・技能の指導がうまく進まなくなり、トラブルにつながる恐れがあります。仕事場でのコミュニケーション不足は危険に直結する恐れもあります。日本語の上達は実習活動の成功のカギを握ると言っても過言ではありません。

通常技能実習生は採用面接から日本入国までの４か月～６か月くらい現地で日本語の講習を受け、日本入国後１か月の語学講習のあと企業に配属になります。個人差はありますが、この程度では十分ではなく、技能実習生活が始まってからも継続した学習が必要となります。

技能実習生がテキスト『みんなの日本語』やスマホを使って自分で勉強するのが基本ですが、日々の実習や家事に追われているなかで日本語の勉強を続けるにはかなりの努力が必要です。

2. 日本語習得支援の一例

日本語習得の支援を行っている例としては次頁のようなものがあります。

図表2-22-1 日本語習得支援を行っている事例

	日本語力アップの方法	支援方法
日本語教室への通学	・各地域の自治体が運営または支援している日本語教室への参加 （授業料はほぼ無料）	・参加できるよう休日や業務時間の調整
会社で日本語勉強会	・毎週定例日を決めて実施 ・講師は社員や専門の日本語教師による場合もある （講義はテキストの使用やフリートーク）	・参加できるよう業務時間の調整 ・専門講師に依頼する場合の費用負担 ・日本人スタッフへの説明や講師依頼
スピーチコンテストや作文コンテスト	・ＪＩＴＣＯでは、技能実習生の日本語能力向上支援のため、毎年、日本語作文を募集している ・その他各種団体が主催しているスピーチコンテストがある	・参加の呼びかけ ・準備のサポート
日本語能力試験受験	・日本語を母国語としない人を対象にしたテストで毎年７月と 12 月に実施	・受験費用の負担 ・合格した時の報奨金
作業日誌を毎日書く	・技能実習生にその日の習得事項や疑問点、考えたこと等を書かせ、その内容を添削しコメントをつけて日本語の指導を行う。	・毎日添削を続ける
日本人との交流の場	・日本人社員とのミーティングで意見交換 ・居酒屋等での飲み会 ・町内活動への参加	・必要に応じた費用負担 ・日本人スタッフの協力

3. 受け入れタイミングにより異なる日本語習熟度の違い

日本語の上達度は、どれだけ日本語に触れる機会が多いか、日本語を覚える必要性の高さによってことなります。一般に自社の技能実習生として第１期でやってきた技能実習生は、周りに母国語を話す人もいないため、日本語がわからないと意思疎通自体もままならないことから、必然的に日本語を勉強する動機が高まり結果として日本語の習得が早い傾向があります。それに対して、２期生以降は、すでに先輩である１期生がいることから、必要な情報は１期生から母国語を通じて教えてもらうことができるため、日本語を学ぶモチベーションが１期生ほど高くないのが一般的です。そのため、母国出身の先輩がたくさんいる技能実習生ほど日本語の習得が遅くなる傾向にあるようです。

2-23 技術指導を行う場合に気を付けること

技術指導を行う際、気を付けることがあれば教えてください。

技術を学びに来ている外国人に、日本人の技術者がきちんと教えることが大切です。

技術指導を行う場合の注意

技術指導がより効果的に行えるように、【図表2-23-1】に記載した事項に留意する必要があります。

図表2-23-1 技術指導を行う場合に注意すべきこと

心構えの持たせ方	・何よりもモチベーションを持たせること 「母国で指導者になれるよう教育する」という姿勢が大事 ・毎朝、自分が何をやるか、日本語で発表させる
指導者	・必ず日本人が付いて技能を教える。同国人の先輩から教わると、間違って覚えたり、日本語力が付かないという弊害がある。
話し方	・日本語を話すスピードを意識してゆっくり目にする ・強く注意されるとおびえてしまうし、汚い言葉で叱責を受けるとやる気をなくす
理解しているか都度確認する	・日本語の理解が不十分な場合等、意思疎通がしっかりできていないため（わからないのにわかったと答えてしまい）、欠陥品を作ってしまうので注意が必要
振り返り	・作業日誌を書かせて、指導員が添削して返す

2-24 技能実習生から一時帰国の要望が出た場合

技能実習生から母親が入院したので一時帰国をしたいとの申し出がありました。認めたほうがよいのでしょうか。

A　技能実習生の一時帰国は禁止されていません。監理団体との契約書を確認しましょう。

1. 一時帰国の可否

技能実習生の母国への一時帰国については禁止されていません。したがって有給休暇などを使って申し出があり、事業の正常な運営を妨げない場合であれば認めても良いでしょう。ただし、実習実施企業は認定を受けた技能実習計画に従って技能実習生を指導する義務があり、実習が中断しないよう、期間等に配慮する必要があります。一時帰国の希望理由は家族の結婚式や不幸など、やむをえないと思われる場合以外に子供や家族の顔を見たいという場合もありますので実習実施企業は諸事情を検討したうえで判断することになります。

2. 一時帰国の渡航費用

第2号技能実習の修了後（3年)、技能実習生は必ず1か月以上の一時帰国をしなければなりません。この場合の一時帰国の渡航費用については「実習実施者、もしくは監理団体が全て負担しなければならない」という方針が打ち出されています。それ以外の自己都合の帰国については、本人の負担となり実習実施者に負担義務はありません。自費となるため、自己都合で帰国する人はそれほど多くありません。

3. 帰国に際して留意するべきこと

また、一時帰国して日本に戻る際の日本への再入国手続きとの関連でパスポート、在留カードの有効期限に留意する必要があります。

監理団体と実習実施企業の契約では一般的には【図表 2-24-1】のような条文が入りますので、監理団体との契約書を再度確認したほうがよいでしょう。

従来、一時帰国の時期は「第 2 号技能実習修了後、第 3 号技能実習を開始するまでの間に」と定められていましたが、現在は、「第 3 号技能実習開始後 1 年以内に、1 ヶ月以上 1 年未満の一時帰国を行うことも認める」と変っています。ただし、後述する（Q2-34）厚生年金の脱退一時金は、日本の居住地からの転出届が出ていないと受給できないため、結果的に受給時期が遅れることになり、一時帰国時期の柔軟化を活用しにくいものにしています。

図表2-24-1 **監理団体と受け入れ企業間での契約における一時帰国に関する取り決め（例）**

技能実習生の在留中の一時帰国は、監理団体及び受け入れ企業（実習実施機関）が相当と認め、かつ、日本国の出入国在留管理庁が再入国を許可した場合には、○日（例：14 日）以内の一時帰国を認めるものとする。なお 費用負担者については一時帰国の事由を勘案し技能実習生、送出機関、監理団体又は実習実施機関が協議し決定するものとする。

また、第３号団体監理型技能実習へ移行する技能実習生に対し、第２号団体監理型技能実習の修了後、１か月以上の一時帰国をさせなければならない。

2-25

技能実習生が死亡した場合の取扱い（各種届出、葬儀の取扱い等）

技能実習生が死亡した場合、どのような手続きが必要でしょうか。

あってはならないことですが、業務上・業務外を問わず、技能実習生が亡くなったときも受け入れ企業等がサポートします。

1. 関連機関への報告

OTIT に所定の様式で届出が必要になります。

2. 葬儀等の進め方（プライベートな事故での死亡の場合）

葬儀のやり方や費用負担については死亡した原因あるいは責任によって異なります。仕事中の事故などの場合は、会社が責任をもって行う必要がありますが、ここでは技能実習生がプライベートな事故死あるいは病死した場合について説明します。

葬儀や遺体をどうするかは本来遺族が行うものですが、本国の農村などで働いていて海外渡航の経験もない家族が日本に来て取り行うのは言葉や費用の問題もあり大変困難なものです。葬儀等は遺族の意向にそって行う必要がありますが実際には実習実施企業、監理団体、送出機関が全面的にサポートすることになります。以下、重要なポイントを説明します。

（1）ある程度の費用は外国人技能実習生総合保険でカバーされる

遺族の来日費用や葬儀の費用はどうするのか？という疑問が最初に上がります。日本に来る渡航費、滞在費、移動費、葬儀費用、各種書類取得費用など結構な費用がかかりますが、遺族とっては大きな負担になります。

しかし、技能実習生が加入している外国人技能実習生総合保険である程度の費用はカバーされます。たとえば、JITCO の A タイプでは、救援者（遺族）３名分までの現地（日本）まで１往復分の航空運賃等の交通費がカバーされます。また、諸雑費（遺族の渡航手続費および現地（日本）において支出した交通費、国際電話料等通信費、救援対象者の遺体処理費等）は合計２０万円を限度に支払われます。

これとは別に、外国人技能実習生総合保険の死亡保険金が支払われます。加入タイプにより異なりますが、一般的なAタイプで700万円になります。

(2) 遺族への連絡と来日準備・遺族のケア

遺体搬送、葬儀についてはその国の慣習や宗教により異なります。遺族の意向に従い、できる範囲で協力します。遺体の搬送については遺体をエンバーミング（防腐処置）して送る方法と日本で火葬して遺骨を遺族が持ち帰る方法があります。遺体や遺骨を移送するためには、遺体を受け入れる国の規定があります。領事館（大使館）で、移送手続きに必要な書類を確認し準備する必要があります。

また、遺族は日本語ができないことがほとんどですし、日本に来ても移動が困難な場合があります。ですので、遺族が遺体を引き取りに来日するためのビザ取得の必要書類の準備や日本でのケアも監理団体と送出機関が連携して行います。

(3) 役所への手続き

日本の役所への届け出は日本人の死亡の場合と同様で死亡届けの提出期限は死亡の事実を知った日から7日以内です。届け出る役所は死亡者の住居地、届出人の所在地、または死亡した場所の市町村役場になります。届出人は、①親族、②同居人、③家主、地主、家屋若しくは土地管理人になります。

届け出に必要なものは死亡診断書（病死の場合）又は死体検案書（事故死の場合）、印鑑（届出人が外国人の場合は、署名可）です。

市区町村長に死亡届を提出すると、死亡届の受理証明書、記載事項証明書等の公証をしてくれますので、これらの書類はその後の手続きに必要となります。

なお、日本で火葬する場合は役所で火葬許可申請書を記入し、火葬（または埋葬）許可証を受け取ります。

(4) 領事館（大使館）の手続き

遺体の移送や遺骨の持ち帰りについては、国ごとの規定がありますので、事前に規則や準備する書類、手続き方法について領事館に相談しておき、準備書類をそろえて遺族とともに手続きを行います。

3. 事例

下記はプライベートの事故で亡くなったベトナム人技能実習生の事例です。保険金の諸雑費の限度額 20 万円を超えない範囲で簡便に行いました。納棺と火葬の費用でかなりの部分を使いました。ご遺族が本国から線香とお経のテープを持参し火葬場でお祈りをし、遺骨を持ち帰り本国で正式の葬儀をされました。

図表2-25-1 プライベートの事故で亡くなった技能実習生の事例

1日目	早朝ハノイ空港から家族がＶＮ 310 便、成田空港着 昼　　Ｆ市着 午後　Ｆ警察署着（事故の説明、遺体遺品引取り、死体検案書入手） 　　　Ｆ市市役所（火葬許可書取得）
2日目	午前　Ｆ警察署着（遺体対面、引取り、納棺） 　　　霊柩車でＦ聖苑着 　　　火葬 　　　骨上げ
3日目	ベトナム大使館への届出・手続き
4日目	実習を行っていた会社工場訪問、挨拶 本人寮で遺品の確認、回収
5日目	遺骨を持って帰国

2-26

技能実習生の解雇

いくつかの就業規則違反があったため、実習期間満了を待たず、技能実習生を解雇したいと思います。手続き方法は日本人社員を解雇する場合と同じでしょうか。日本人社員とは異なる手続きがあれば教えてください。

「やむを得ない事由」に該当する場合は解雇できますが、それ以外の場合は所轄労働基準監督署長の認定を受ける必要があります。

1. 解雇の手続き

解雇する際の理由や手続きは基本的には日本人社員と同様です。技能実習生を日本人とは異なる理由で解雇することはできません。

技能実習生との一般的な雇用条件書のなかの「解雇事由および手続」の条文は以下のようになっています。

図表2-26-1

技能実習生との雇用条件書における「解雇事由および手続」の条文例

解雇は、
やむを得ない事由がある場合に限り少なくとも 30 日前に予告をするか、又は 30 日分以上の平均賃金を支払って解雇する。
技能実習生の責めに帰すべき事由に基づいて解雇する場合には、所轄労働基準監督署長の認定を受けることにより予告も平均賃金の支払も行わず即時解雇されることもあり得る。

【図表 2-26-1】でいう、やむを得ない事由とは「会社が事業を継続できなくなる場合」です。一方技能実習生の責めに帰すべき事由とは、「技能実習生が業務上重大な違反行為をした場合」です。ただし、懲戒解雇を行うには、懲戒解雇に当たる内容を就業規則等に定めていて、技能実習生に周知されている状態でなければいけません。また懲戒に該当する事由が発生した場合には、事由にもよりますがいきなり解雇するのではなく技能実習生と面談のうえ、注意し反省の機会を与えることも必要です。また面談は必ず記録をとり、技能実習生にも署名をさせます。何回か注意しても改善されない場合は解雇もやむを得ないかもしれません。

このような手続きを経て懲戒解雇とすることに対し「客観的に合理的な理由」があるとの所轄労働基準監督署長の認定を受ければ懲戒解雇を行うことができます。

2. 留意すべき点〜懲戒解雇事由等を入社前の面談時に技能実習生に理解させているか

留意すべき点は就業規則にある懲戒解雇事由や注意内容を入社前の面談時に技能実習生に理解させているかという点です。就業規則や会社のルールを技能実習生の母国語で作成したり、面談時には監理団体などに協力を依頼して通訳をつけて慎重に説明を行う必要があります。

3. 解雇に相当する理由

技能実習生を解雇するに相当する理由としてはどのようなものがあるでしょうか。【図表 2-26-2】にまとめました。

図表2-26-2 技能実習生を解雇する理由として考えられるもの

	解雇の理由になりうるか
何度注意しても無断欠勤、遅刻ばかりする。時間が守れない	就業規則違反に該当すれば解雇の対象になりうる **→解雇の判断でもめないためにも、就業規則の整備は必要**
同じ宿舎の技能実習生と頻繁にもめ事を起こしている	もめ事の原因などにもよるが、就業規則違反に該当すれば解雇の対象になりうる **→解雇の判断でもめないためにも、就業規則の整備は必要**
実習期間中に他でアルバイトをしている	就業規則違反に該当すれば解雇の対象になりうるが、それ以前に入国管理法違反に該当する **→解雇の判断でもめないためにも、就業規則の整備は必要**

（次頁に続く）

自転車を盗んで警察に捕まった	就業規則違反に該当すれば解雇の対象になりうる **→解雇の判断でもめないためにも、就業規則の整備は必要**
万引きして警察に捕まった	就業規則違反に該当すれば解雇の対象になりうる **→解雇の判断でもめないためにも、就業規則の整備は必要**

4.「技能実習が困難となった場合の届出」の提出

実習期間途中に解雇する場合等、技能実習を行わせることが困難となった時は、遅滞なく技能実習生の氏名、その事由、ならびに発生時期および原因、措置等を監理団体に通知し、監理団体は実習実施者の本店住所地を管轄する機構の地方事務所の認定課に「技能実施困難時　届出」を提出する必要があります。

Q 2-27 技能実習1号から2号、2号から3号に移行するための手続き

技能実習1号から2号、及び2号から3号に移行するために必要な会社及び本人の手続き事項について教えてください。

A 具体的な手続き方法については、OTITやJITCOのウェブサイトをご参照ください。

なお、1号から2号、2号から3号に移行するためには【図表2-27-1】の通り、試験に合格する必要があります。

図表2-27-1 技能実習1号から2号、2号から3号に移行するための手続き

	1号から2号に移行	2号から3号に移行（※）
試験の種類	筆記試験 実技試験	筆記試験 実技試験
合格の基準	筆記試験、実技試験両方に合格しなければならない	実技試験さえ通っていれば3号に移行することができる
不合格時の取り扱い	不合格でも1回に限り追試が可能	同左

（※）2号に移行すれば、その間の2年間の間に、3号に移行するか否かにかかわらず、試験を受ける義務がある（不合格になっても3号に行かない限りは特段問題なく2号修了まで技能実習を継続することができる）
実習実施者によっては、実技と筆記の両方に合格することを、自社における3号での受け入れの条件にしているところもある

図表2-27-2 移行のイメージ図

	1年目	2年目	3年目	4年目	5年目
1号	技能実習1号				
2号		技能実習2号	技能実習2号		
3号				技能実習3号	技能実習3号

（※）2号修了者は「特定技能1号」への移行を希望する場合、試験が免除されます。

【G】技能実習生の失踪

技能実習生が失踪してしまった場合の手続きの流れは以下の図表の通りです。

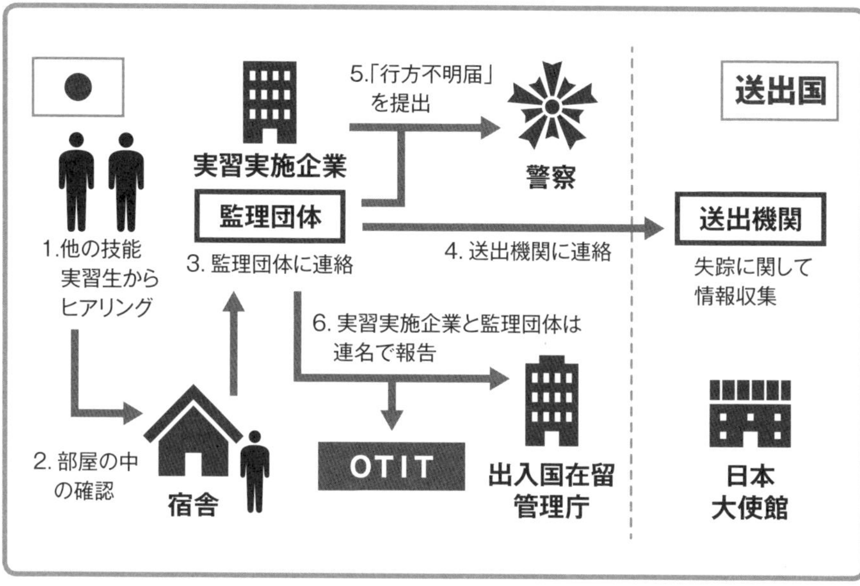

1. 失踪の疑いがあれば他の技能実習生にヒアリングを実施
2. 宿舎内を確認
3. 監理団体に連絡
4. 監理団体が送出機関に連絡
5. 実習実施企業と監理団体で警察に「行方不明届」を提出
6. 実習実施企業と監理団体の連名で OTIT と出入国在留管理庁に報告

本ステップに関連するQ&A

Q2-28	技能実習生が失踪した可能性がある場合
Q2-29	技能実習生の失踪防止のためにできること

2-28

技能実習生が失踪した可能性がある場合

技能実習生Aがここ数日、出社していません。休暇届も出ていませんので失踪したのかもしれません。失踪を疑う場合、会社として取るべき対応方法を教えてください。

技能実習生の所在が不明になった場合、まずは同僚などへのヒアリング、部屋の確認から行います。

図表2-28-1 技能実習生と連絡が取れなくなった場合の対処事項

		留意点
1	事実関係の把握	社員や同僚の実習生からヒアリングを行い、いつまで連絡が取れていたか、また、最後に会った時の様子を確認する。同時に携帯電話やスマホなどでの連絡を試みる
2	部屋の中の確認	・連絡が取れなくなった技能実習生の部屋を点検する ※点検は別の技能実習生の立ち合いのもとで行うこと ・点検項目は在留カード、パスポート、通帳、バンクカード、貴重品、部屋の鍵等の有無を確認（同時に立ち会った技能実習生から他の持ち物や衣類でなくなっているものがないかも聞き取る。残っているものを確認することで断定はできないが事故にあったのか失踪したのか推測できる）
3	監理団体に連絡	1、2の情報をもとに監理団体に連絡する
4	送出機関に連絡	・監理団体はすぐに技能実習生の送出機関に「行方不明の事実と現在の状況」を連絡する ・連絡を受けた送出機関は当該技能実習生の家族や親戚に行方不明者の所在がわからないかヒアリングする （企業単独型の場合は現地法人を通じて確認）

（次頁に続く）

5	**警察に連絡**	・上記４までで所在が不明な場合は、技能実習生の居住地を管轄する警察署に「行方不明届」を提出する ・警察署には実習実施企業の担当者と監理団体担当者が行くことになる （その際、行方不明者の詳細について聞かれるので以下の情報を整理しておくこと） - 本籍、住所、氏名、生年月日等行方不明者の情報 - 身長、体格、髪型、血液型等、身体の特徴に関すること - 服装、所持品等に関すること - 行方不明となった日時、場所や、原因動機等に関すること - その他行方不明者の発見のために参考になる事項 （顔写真があれば望ましい）
6	**地方出入国在留管理庁（※）、外国人技能実習機構に報告**	・「行方不明届」提出後速やかに、実習実施企業と監理団体は連名で地方出入国在留管理庁、外国人技能実習機構に報告を行う

（注）所在が確認できた時は、ただちに失踪の届け出を行った地方出入国在留管理庁及び外国人技能実習機構、所在地を管轄する警察署に通報すること

（※）入国管理局は平成 31 年４月１日から「出入国在留管理庁」となった

出所：法務局入国管理局（当時）「技能実習生の入国・在留管理に関する指針」（平成 21 年 12 月）を参考に作成

2-29

技能実習生の失踪防止のためにできること

技能実習生が行方不明になるのを防止する方法はあるでしょうか？

受け入れ時に雇用条件をきちんと納得してもらうこと、文化の違いを受け入れ側も理解しておくことなどで防げる。

1. 失踪は実習実施企業だけでなく技能実習生にもダメージが大きい

技能実習生の失踪は実習実施企業にとって痛手であるだけでなく、失踪した技能実習生にとっても決して利益になることではありません。

実習実施企業にとっては着任までの海外からの渡航費、日本語研修費、宿舎・生活の準備費用、それまでの技術指導に費やした費用や仕事のスケジュール変更など金銭面や業務面で大きな損失となります。

一方、技能実習生も在留資格や各種社会保険の喪失で失踪後の生活基盤が不安定になります。法務省は2018年1月15日から技能実習生が実習先から失踪した後、難民認定申請をした場合、申請から6か月経過後原則として日本での就労許可を認めないとしました。つまり失踪したのち、日本で合法的に働くのは難しいということです。

2. 失踪する理由

失踪する理由は個々にいろいろありますがおよそ次のような内容になります。

図表2-29-1

技能実習生の失踪の動機

- 今より高い給与をもらいたい。
- 仕事が厳しく、なじめない。
- 職場の人間関係（技能実習生と日本人又は実習生同士）がよくない。
- 帰国せざるをえない状況になった（基礎級試験に不合格、解雇等）。

これらの不満や不安を抱えている時に日本国内にいる知り合いや他の失踪者から魅力的な条件で誘いを受けるとあまり深く考えることもなく誘いにのってしまうケースもあるようです。

3. 失踪の兆候

技能実習生の失踪は概ね無断欠勤の状況が発生したことで気が付きます。他の技能実習生に確認していくと「そういえば……」というようなかの前兆や前提があります。【図表 2-29-2】にまとめました。

図表2-29-2

技能実習生の失踪の兆候

・何日か前から部屋の整理をしている
・新しい在留カードが発行されて間がない（在留期限が 1 年近くある）
・前日は給料日だった（給料をもらってから）
・数日前に「お前はもう解雇する」というような内容で社長から叱られた
・同じ会社で働いていた先輩や知り合いが失踪している

4. 失踪を防止するためにできること

失踪を防止するために会社ができることを採用前、採用後のそれぞれの段階で【図表 2-29-3】にまとめました。

図表2-29-3

失踪を防止するためにできること

【採用前】
・採用面接の際に具体的な作業の内容、賃金の水準、労働時間について現地の言葉で解り易く説明する必要がある。特に賃金については一番重要な問題で基本給、1 か月の総支給額、保険料や寮費・光熱費などの控除額、手取り額を示す必要がある
→これらの事項は面接後の採用決定時に署名する日本語と母国語併記の雇用条件書に明記されているので、その内容を示しながら説明すると良い

【採用後】

・仕事中では日本と技能実習生の出身国の文化、風習の違いがもとでトラブルが発生することがある。そのため技能実習生に日本の社会のルールや仕事内容の水準などを具体的に説明し理解させる必要がある。「口に出して言わなくてもやってくれるだろう」という期待はできない

→日本人側も相手国の慣習をある程度理解しておくことがトラブルや失踪の防止につながる

・個々の技能実習生とのコミュニケーションを密にすることも大切。親身になって指導を行い、必要な場合には監理団体も活用し技能実習生の不安を減少させる

5. 元技能実習生からの声より

技能実習生たちは夕食後の時間は日本語の勉強をしたり、ゲームで遊んだりしています。ほとんどの技能実習生がスマホを所有し、Facebook などを利用して友人や本国の家族、親戚と連絡を取り合っています。そんな中には友人を介してたくみな言葉で転職を誘ってくる人物もいます。彼らは、楽な仕事で高給がもらえるなどと言い技能実習生を誘い出します。

このように職場での不満やトラブルで悩んでいる技能実習生の心のすきをつき、失踪などを促すのです。背後には紹介料目当ての日本人もいるようですので、職場での技能実習生の管理や指導ではこうした背景も踏まえた対応が必要になります。

【H】帰国時／退職時の処理

技能実習生の帰国時／退職時の処理は以下の図表の通りです。

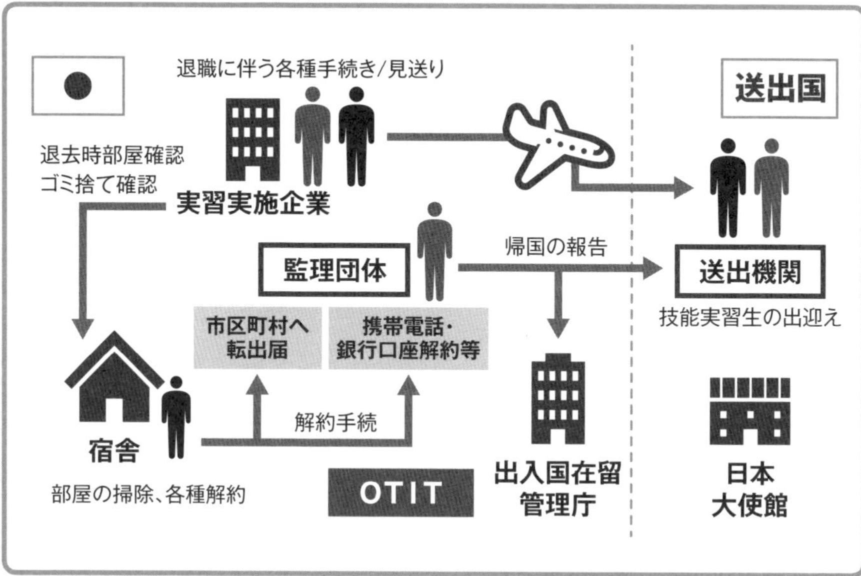

実習実施企業、監理団体、技能実習生それぞれが帰国に向けた準備を実施

本ステップに関連するQ＆A

Q2-30	退職時の手続き（税務面以外）
Q2-31	技能実習生が退職時に会社がとるべき手続き
Q2-32	母国に戻る技能実習生の住民税の取扱い
Q2-33	年の途中で日本を離れる場合の会社側の税務処理
Q2-34	脱退一時金（年金）の請求方法、受給額の計算方法
Q2-35	脱退一時金の日本における税務上の取扱い（退職所得の選択課税）

2-30

退職時の手続き（税務面以外）

技能実習生の退職手続きについて教えてください。

技能実習生、実習実施企業、監理団体がそれぞれ行う手続きはいろいろありますのでもれのないよう事前にチェックしましょう。

1. 技能実習生が行う手続き

技能実習生が行う手続きは【図表 2-30-1】の通りです。

図表2-30-1　技能実習生が行う手続き

出国時に必要なもの	航空券・パスポート・在留カード
銀行口座の解約	・最終給与支給後、銀行口座は必ず解約させること（銀行口座を残したままだと、銀行口座の売却など、悪用される恐れがある） ・なお、口座の解約が先になる場合もあり、その時は現金で給与を支給する
市町村への転出手続き	住民登録をした市町村に帰国前に転出届けを行う 年金の脱退一時金受給要件確認に際して必要 ※企業側が行う手続き参照
携帯電話及びインターネット等の個人で行った各種契約の解除	技能実習生が契約を解除せず、帰国後も料金が発生し、実習実施企業が負担するケースもあるため、かならず解約させること （1 人で複数台の携帯電話を契約する者もいる）
宿舎の掃除	寮退去に伴う掃除及びゴミ捨てなど

2. 企業側が行う手続き

企業側が行う手続きは以下の通りです。

なお、税務面の手続きとしては「住民税の支払」「年末調整」「税務署への納税管理人の届出」がありますが、これらについてはQ 2-32、Q 2-33 をご参照ください。

図表2-30-2 企業側が行う手続き

有給休暇の消化	・実習期間中に消化するよう推奨すること ※帰国までに有給を消化できない場合、技能実習生から不満が出る可能性があるため要注意
最終給与の計算	・最終給与は帰国の都合上、会社で定める給与支給日と合致するわけではないことから、予め、スケジュールを立てて給与計算を行う必要がある（帰国時の失踪等トラブル防止や銀行口座の解約等のため、現金支給とする等）
市町村への転出届の付き添い	・技能実習生本人が行うが、市役所まで付き添って手続きするのが一般的 ※住民登録をした市町村へは帰国前に必ず、転出届を行うこと。厚生年金脱退一時金の受給要件に「日本国内に住所を有していない方」があり、転出届を出さないと、脱退一時金の還付が受けられない
技能実習生が行う手続きの確認	・上記(1)の「技能実習生が行う手続き」が確実に実行されているかを確認する
健康保険証、社員証の回収、社会保険喪失手続き	・社会保険の喪失手続を行う。健康保険証等の返却漏れがないように注意する。年金手帳は脱退一時金の申請で使用 ※脱退一時金の請求方法はQ 2-34 参照
宿舎の点検	・退去時のゴミ捨て状況のチェック （ゴミ捨てルールを守らず、大量のごみを廃棄する場合が多く、近隣住民からクレームが来るケースがある） ・寮、社宅備品関係のチェック
空港までの技能実習生の送り	・宿舎から空港まで送り届ける
ハローワークに届け	・帰国してから10日以内に行う

3. 監理団体が行う手続き

監理団体が行う手続きは【図表 2-30-3】の通りです。

図表2-30-3 監理団体が行う手続き

帰国航空券の手配	・航空券の手配後、機内に持ち込める荷物の数や重量について、実習生に正しく教える
技能実習生本人に渡すもの	・「厚生年金脱退一時金」の申請用紙一式 年金機構のホームページに英語、中国語、スペイン語、インドネシア語、フィリピン語、タイ語、ベトナム語、ミャンマー語、カンボジア語等での説明書がある http://www.nenkin.go.jp/service/jukyu/sonota-kyufu/dattai-ichiji/20150406.html
送出機関への連絡	帰国の知らせ及び空港出迎えの手配を依頼
空港での見送り	出国の確認を行い、母国で迎えに来る送出機関に連絡
出入国在留管理庁に報告	技能実習生帰国後に行う

Q 2-31 技能実習生が退職時に会社がとるべき手続き

技能実習生が退職する際、会社側が公的機関や本人に提出が必要な書類があれば教えてください。

A　退職時には、日本人では必要のない手続きもあるので、早めに準備しましょう。

1. 会社側が交付すべき事項

技能実習生の退職にあたり、通常の退職手続きに加えて必要となる手続きは【図表 2-31-1】の通りです。

図表2-31-1　会社側が実施及び説明すべき事項
（通常の退職手続きに加えて必要になる手続き）

必要書類	交付先 / 提出先	備考
雇用保険被保険者資格喪失届	ハローワーク	日本人の退職時と手続きとしては同じ ※この届出には在留資格などの記入欄もあるため、当該書類が提出されれば、自社で働いている外国人が退職した旨が出入国在留管理庁に連絡される
中長期在留届の受入に関する届出 （雇入の終了）	出入国在留管理庁	ハローワークに「雇用保険被保険者資格喪失届」を提出していれば不要
その他① （厚生年金・国民年金の脱退一時金についての説明）	―	厚生年金・国民年金の脱退一時金請求の手続きについて説明しておく
その他② （住民税の取扱い）	―	技能実習生が退職を機に日本を離れる場合、住民税の取扱いについて説明しておく

2. 技能実習生が実施すべき手続き

退職にあたり、通常の退職手続きに加えて必要となる手続きは【図表 2-31-2】の通りです。

図表2-31-2　技能実習生が実施すべき事項
（通常の退職手続きに加えて必要になる手続き）

必要書類	交付先 / 提出先	備考
（退職に伴い日本を離れる場合） **脱退一時金を請求**	日本年金機構	市区町村に転出届を提出後、手続きを行う
住民税の納付	市区町村	会社に一括徴収してもらう場合もあるが、それができない場合は市区町村からの納付書に基づき納付が必要

母国に戻る技能実習生の住民税の取扱い

実習期間を終えた技能実習生は母国に戻ることになります。これまでは住民税は特別徴収していましたが、住民税は当年度の税を翌年支払うため、帰国してしまうことで、どのように対応しようかと考えています。

また、会社側が本人の住民税を負担する場合、税務上はどのような取扱いになるのでしょうか。

A　受け入れ企業が負担するケースもありますが、本人が負担する場合は納付もれのないよう指導してください。

1. 住民税の基本的な考え方 ～所得税と異なり前年の所得に対して課税される

住民税は前年の1月～12月の1年間の所得に対して課税される税金です。つまり令和元年度住民税は、平成30年1月～12月分の所得に基づいて、令和元年6月から令和2年5月支給の給与から天引きされます。

つまり前年の所得に対する住民税が本年の給与から毎月控除されているのですが、退職し、その後すぐに日本の企業に転職しない限り、勤務先を通じて住民税の徴収ができません。そのため、本人に支払義務の残っている住民税をどうやって払うかという問題があります。本来、住民税は本人が払うべきものですから、出国に際して給与天引きや一括納付を行うことになります。ですが中には「会社が本人の住民税を負担する」ケースもあります。それぞれについて以下の通り説明します。

2. 令和3年1月～5月に出国する場合 ～令和2年度、3年度で取扱いが異なる

【前提条件】住民税の支払義務

- 令和2年度住民税（令和2年6月～3年5月に支払い：令和元年度所得に対して課税）
- 令和3年度住民税（令和3年6月～4年5月に支払い：令和2年度所得に対して課税）について支払い義務があります。

(1) 令和２年度住民税の取扱い

以下いずれかの方法があります。

ア）退職時の給与にて残りの住民税を会社側で一括徴収し納付

令和２年度住民税については、同年６月から特別徴収が開始されています。よって､外国人社員の最後の給与等で令和２年度住民税の残りについて､会社側で一括徴収することが可能です（最後の給与等で一括徴収分の住民税額が賄えるのであればこの方法が納税もれを起こさないためにも一番安心です)。

イ）普通徴収に切り替え、本人が納付

退職時の給与等では住民税が払いきれないなど､一括徴収ができない等は､普通徴収になります。具体的には会社から区役所に提出する「退職に伴う異動届出書」を提出時に「●月分まで特別徴収」の旨と本人の海外の住所を記載しておくと、海外の住所宛に未納の住民税に関する納付書と銀行振込先が届くことになります。

「退職に伴う異動届出書」が提出されていますから、住民税は特別徴収から普通徴収に切り替わっていますので、仮に本人が支払わなくても会社に責任は及びません。

※なお、納付もれを防ぐために会社が本人の納税管理人になった場合、本人が住民税未納分のお金を会社に送金してこない等で、納付ができない場合、会社は「納税管理人」に選任されているため、本人の未納に関して会社に責任が生じることになります。

(2) 令和３年度住民税

令和３年度住民税は令和３年６月以降から徴収されます。すでにその時点ではこの外国人は退職していますので、令和３年度住民税について会社側で特別徴収することはできません。よって、「退職に伴う異動届出書」に記載された当該外国人社員の住所宛に納付書等が届くことになります（上記（1）（イ）と取扱いは同じです)。

3. 令和3年6月以降同年中に出国する場合 ～令和3年度住民税のみ課税

【前提条件】住民税の支払義務

・令和３年度住民税（令和３年６月～４年５月に支払い：令和２年度所得に対して課税）についてのみ支払い義務があります。

（1）令和３年度住民税の取扱い

取扱いについては「会社側で一括徴収」するか、本人が「普通徴収」するかのいずれかです。詳細は「2（1)」をご参照ください。

4. 本人の住民税を会社が負担する場合 ～本人の「所得」とみなされて所得税の課税対象

上記「2」「3」が本来あるべき姿ですが、中には「住民税の負担額は大きいため、外国人社員からクレームが生じることもある」などの理由から、本来個人が払うべき住民税を会社が肩代わりして払っているケースも見られます。

その場合も住民税の支払いタイミングは上記「2」「3」と変わりませんが、本来、本人が払うべき税金を会社が払っているということは、本人に経済的利益を供与したことと同じです（つまり会社が本人に給与を払っているのと同じことになります)。

なお、この住民税は「外国人社員が日本勤務をしたことに伴い発生したもの」ですから、会社がこの住民税相当額を本人に代わって支払った場合、所得税法上、「国内源泉所得」に該当します。

当該外国人社員が１年以上の予定で日本を出国した翌日から非居住者に該当しますので、非居住者になった以後に当該住民税を会社が負担した場合は、当該住民税相当額について 20.42%の税率で所得税の源泉徴収が必要です。もしくは、出国前に支払うべき住民税を計算し、外国人社員が受け取る最終月の給与にグロスアップして支給する形をとり、そこから住民税を特別徴収したり、住民税相当額を預かり、納税管理人として会社が納付する方法もあります。

Q 2-33 年の途中で日本を離れる場合の会社側の税務処理

技能実習生が退職し、母国に戻ることになりました。
退職に際して会社が行う税務上の処理を教えてください。

A 1年以上の予定で日本を離れる人は、出国の翌日から「日本の非居住者」に該当します。

そのため会社側は出国までに「年末調整」を行う必要があります。年末調整を行うと、通常、源泉徴収された所得税が一部還付されます。

1. 年末調整の時期 ～必ず出国までに実施

そもそも年末調整とは、役員や使用人に対する毎月の給与や賞与から源泉徴収した所得税の合計額と、その人が年間に納めるべき所得税の差額を調整するものです（年末調整の対象となる人は「給与所得者の扶養控除等申告書」を提出している人ですが、年間 2,000 万円を超える給与の支払を受ける人は、年末調整の対象になりません）。

なお、このケースのように年の途中で出国する場合、年末調整の対象となるのは、出国するまでの給与です。

2. 年末調整の対象となる所得控除は ～人的控除は1年分、物的控除は出国する日まで

社会保険料や生命保険料の控除は出国する日までに支払われたものだけに限られます。

一方、扶養控除や配偶者控除は 1 年分控除できますので、通常、年末調整により源泉徴収された所得税は還付されることになります（所法 191）。

また、海外に出発する日までに、すでに総合課税の対象となる所得があるときや、出国の日以後、国内にある不動産の貸付による所得や国内にある資産の譲渡による所得があるときは、日本で確定申告が必要になる場合があります。

図表2-33-1　年の途中で日本を離れる場合の会社側の税務処理

	所得控除	概要
物的控除	**社会保険料控除** **生命保険料控除** **地震保険料控除** **小規模企業共済等掛金控除**	・その者が居住者であった期間内（1/1 ～出国の日まで）に支払った社会保険料、生命保険料、地震保険料が控除対象になる ・なお、外国の社会保険料及び外国保険事業所が締結した生保契約または損保契約のうち、国外で締結したものにかかるものは、控除対象にならない（所法 74、75、76、77）
人的控除	**配偶者控除** **扶養控除等**	・出国の際の年末調整においては、出国の日の現況で判定（出国の際の年末調整に当たり、控除対象配偶者や扶養親族に該当するための所得要件（合計所得金額が 38 万円以下）を満たすかどうかは、その出国の時の現況により見積もったその年の 1/1 ～ 12/31 までの合計所得金額により判定する） （所基通 85-1）

（注）医療費控除、雑損控除、寄附金控除（特定団体に 2,000 円以上寄附した場合）の適用を受けられる場合、年末調整ではこれらについては、計算の対象にしていないので、各自で確定申告を行う必要がある

Q 2-34 脱退一時金（年金）の請求方法、受給額の計算方法

技能実習生が退職し日本を離れることになりました。技能実習生から「厚生年金の脱退一時金が受け取れるらしいが手続き方法を教えてほしい」と言われています。脱退一時金及びその請求方法、受給額の計算方法について教えてください。

A 帰国するまで適用される企業で勤務していれば請求できます。必要な書類をそろえて本人が請求します。

1. 脱退一時金とは ～年金制度から脱退した際に支払われるお金

「脱退一時金」とは、年金制度から脱退したときに支給される一時金のことを言います。勤続期間が不足し、年金受給資格を得られない退職者は、退職時に年金の代わりに一時金を受けることになるため、ごく短期間日本で勤務し、今後日本で働く予定のない外国人は、退職時に脱退一時金を受け取ることができます。

2. 脱退一時金の請求時期 ～出国前にも手続可能

（1）請求開始日

平成 29 年 3 月以降、住民票の転出届を市区町村に提出すれば、転出（予定）日以降に日本国内で請求することが可能になりました。

よって、日本にいる間でも請求手続きを行うことは可能です。なお、脱退一時金の請求期限は転出日の翌日（国民年金の資格喪失日）から 2 年間です。

3. 脱退一時金請求のために必要となる書類 ～所定の請求書と添付書類が必要

6 か月以上勤務していた技能実習生が退職し、日本を離れる場合、日本年金機構に請求すれば、厚生年金の脱退一時金を請求することができます。

なお、脱退一時金を請求するために必要な書類一覧は【図表 2-40-1】の通りです。

図表2-34-1　脱退一時金請求のために必要となる書類

書類名		備考
脱退一時金請求書		英語、中国語、韓国語、ポルトガル語、スペイン語、インドネシア語、フィリピン語、タイ語、ベトナム語、ミャンマー語、カンボジア語のフォーマットが存在
添付書類	パスポートの写し	氏名、生年月日、国籍、署名、在留資格が確認できるページ
	住民票関連書類	①転出（予定）日の前日までに、市区町村より添付書類を取得する場合：日本国外に転出予定である旨が記載された住民票の写し（郵送等で手続きする場合は、脱退一時金請求書及び添付書類が転出予定日以降に日本年金機構に到達するよう送付すること） ②転出（予定）日以降に、市区町村より添付書類を取得する場合：住民票の除票
	「銀行名」、「支店名」、「支店の所在地」、「口座番号」及び「請求者本人の口座名義」であることが確認できる書類	銀行が発行した証明書等。または、「銀行の口座証明印」の欄に銀行の証明を受ける ※日本国内の金融機関で受ける場合は、口座名義がカタカナで登録されていることが必要 ※ゆうちょ銀行では脱退一時金の受取りは不可
	基礎年金番号が確認できる書類	国民年金手帳など

出所：日本年金機構ウェブサイト

4. 脱退一時金の受取額 ～本人の平均的な標準報酬額と支払月数で異なる

では脱退一時金としてどのくらいの額が受け取れるのでしょうか。

（1）厚生年金の場合

計算式は【図表 2-34-2】のとおりです。つまり 3 年間分については、自分が払った分はそのほとんどが戻ってくることになります。

図表2-34-2 脱退一時金の額

<table>
<tr><th colspan="2">被保険者であった期間の標準報酬額　×　支給率</th></tr>
<tr><td>・標準報酬額
以下A+Bを被保険者月数で割った期間
A 平成15年4月より前の被保険者期間の標準報酬月額に1.3を乗じた額
B 平成15年4月以後の被保険者期間の標準報酬月額及び標準賞与額を合算した額</td><td>・支給率
最終月（資格喪失した日の属する月の前月）の属する年の前年10月の（最終月が1～8月であれば、前々年10月の保険料率）保険料率に2分の1を乗じた保険料率に以下の表の数を掛けたもの
<table><tr><th>被保険者期間</th><th>掛ける数</th></tr><tr><td>6月～12月未満</td><td>6</td></tr><tr><td>12月～18月未満</td><td>12</td></tr><tr><td>18月～24月未満</td><td>18</td></tr><tr><td>24月～30月未満</td><td>24</td></tr><tr><td>30月～36月未満</td><td>30</td></tr><tr><td>36月以上</td><td>36</td></tr></table></td></tr>
</table>

出所：日本年金機構ウェブサイト

(2) 国民年金の場合

国民年金の場合、保険料の支払額が一律であるため、脱退一時金の額も対象月数により決まっています。

図表2-34-3 国民年金の脱退一時金額

対象月数	脱退一時金額					
	令和２年４月から令和３年３月までの間に保険料納付済期間を有する場合の受給金額	平成31年４月から令和２年３月までの間に保険料納付済期間を有する場合の受給金額	平成30年４月から平成31年３月までの間に保険料納付済期間を有する場合の受給金額	平成29年４月から平成30年３月までの間に保険料納付済期間を有する場合の受給金額	平成28年４月から平成29年３月までの間に保険料納付済期間を有する場合の受給金額	平成27年４月から平成28年３月までの間に保険料納付済期間を有する場合の受給金額
	金額	金額	金額	金額	金額	金額
6月以上12月未満	49,620円	49,230円	49,020円	49,470円	48,780円	46,770円
12月以上18月未満	99,240円	98,460円	98,040円	98,940円	97,560円	93,540円
18月以上24月未満	148,860円	147,690円	147,060円	148,410円	146,340円	140,310円
24月以上30月未満	198,480円	196,920円	196,080円	197,880円	195,120円	187,080円
30月以上36月未満	248,100円	246,150円	245,100円	247,350円	243,900円	233,850円
36月以上	297,720円	295,380円	294,120円	296,820円	292,680円	280,620円

出所：日本年金機構ウェブサイト

5. 脱退一時金請求にあたり会社側がすべきこと

平成 19 年に厚生労働省より発表された「外国人労働者の雇用管理の改善等に関して事業主が適切に対処するための指針」によると、外国人社員が脱退一時金請求の手続きを行う場合は、その手続きが適切に行われるよう、会社側が協力する必要があります。

図表3-34-4

外国人労働者の雇用管理の改善等に関して事業主が適切に対処するための指針

四　雇用保険、労災保険、健康保険及び厚生年金保険の適用

2　保険給付の請求等についての援助

（前略）さらに、厚生年金保険については、その加入期間が六月以上の外国人労働者が帰国する場合、帰国後、加入期間等に応じた脱退一時金の支給を請求し得る旨帰国前に説明するとともに、年金事務所等の関係機関の窓口を教示するよう努めること。

出所：厚生労働省「外国人労働者の雇用管理の改善等に関して事業主が適切に対処するための指針」より一部抜粋

2-35

脱退一時金の日本における税務上の取扱い（退職所得の選択課税）

技能実習生が帰国後に受け取る脱退一時金にかかる税率はとても高いと聞きました。一方、この脱退一時金は「退職所得」としてみなすことができるため、後から手続きすることで税負担を軽くすることができるとも聞いています。詳しく教えてください。

脱退一時金については20.42%で源泉徴収されますが、手続きすれば一部が還付されます。

1. 脱退一時金の取扱い

外国人社員が受け取る脱退一時金は、当該外国人が非居住者になった後（日本を出国した後）支払われます。非居住者への支払いは一律20.42%の税率で源泉徴収が必要ですから、「脱退一時金全額」に対しても、20.42%の税率で源泉徴収がされてしまいます。

一方、この脱退一時金は日本の所得税法上、「退職所得」として取り扱われます。そのため、当該外国人が「退職所得の選択課税申告書」を提出することで、居住者として退職所得を受け取ったとみなし、所得税を一部還付してもらうことが可能です。

図表2-35-1　選択課税の手続き方法

提出書類	確定申告書B（通常の確定申告書とは別の申告書） 【添付書類】 国民年金・厚生年金保険　脱退一時金支給決定通知書（原本）
申告書の提出先	その個人の出国時における直前の住所地を管轄する税務署
提出時期	・退職金の支払いを受けた翌年1月1日（または退職手当等の総額が確定した日）以後 （ただし5年間で時効になるので、たとえば2019年に受け取った退職金であれば2024年中に申告書の提出が必要）

（次頁に続く）

選択課税制度適用に当たっての留意点	・扶養控除、配偶者控除、基礎控除等の所得控除はもちろん、税額控除も一切適用できない（勤続年数に応じた退職所得控除のみ） ・税額計算の対象となる退職金の金額は国内源泉所得部分ではなく、その支払総額が対象になる ・非居住者が日本において確定申告をする時は、一般的には、納税管理人を選任して、その納税管理人を通じて申告する必要あり（この場合、還付金は納税管理人の口座に入金されるため、本人口座への入金を希望する場合は申告書にその旨を記載すること） ・税額計算にあたっては、基礎控除等の所得控除、税額控除も控除せずに税額計算する
還付時期	・通常は申告後６週間程度だが、海外送金の場合はもう少し時間がかかることになる（なお､海外の口座に送金する場合、特に手数料は必要ない）
還付先	・本人の日本国内又は日本国外の口座だが、納税管理人を選任している場合、納税管理人の口座に振り込まれるのが一般的

なお、手続きの流れは【図表 2-35-2】のとおりです。

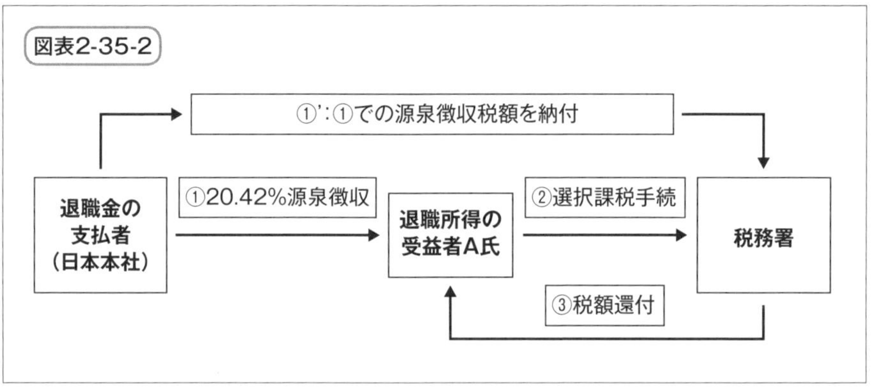

【1】新型コロナウイルス感染症対策による実習生への対応

新型コロナウイルス感染症対応 Q&A

Q2-36	新型コロナウイルス感染症による影響で入国が当初の予定より遅れる場合
Q2-37	一時帰国した後、再入国ができないため実習の再開を遅らせたい場合
Q2-38	技能実習を修了したが新型コロナウイルス感染症の影響で母国に帰国できない場合
Q2-39	技能実習生が入国後に発熱等の症状が見られたため実習の開始を遅らせた場合
Q2-40	技能検定試験等が中止になり次の段階の技能実習に移行できない場合
Q2-41	「特定技能1号」への移行の準備に時間を要する場合
Q2-42	実習実施者の経営状況が悪化し実習が継続困難となった場合

※令和2年5月25日現在の法務省等の情報に基づいて記載しています。

2-36 新型コロナウイルス感染症による影響で入国が当初の予定より遅れる場合

技能実習計画の認定を受けている実習生が、新型コロナウイルス感染拡大により母国からの飛行機が運航を中止したり、日本政府が実習生の入国を制限したりして、入国が遅れる場合、どうしたらいいでしょうか。

A 新型コロナウイルス感染拡大防止のため、実習生の入国が計画より遅れる期間が３か月未満であれば、特段の変更届等の手続きは不要です。３か月以上になる場合は、技能実習計画軽微変更届出書を外国人技能実習機構に提出して下さい。

在留資格認定証明書を当面の間6か月有効とする

2020年初頭から感染が拡大し、世界的な流行となった新型コロナウイルス感染症によって、実習生の母国から日本への入国時期の遅れがでてきました。技能実習計画軽微変更届出書の他、雇用契約期間の雇用条件に変更が生じるかどうか、技能実習生が不安にならないように送出機関を通じて十分に説明する必要があります。

既に交付を受けている在留資格認定証明書の有効期間が経過した場合は、改めて在留資格認定証明書交付申請を行う必要があります。在留資格認定証明書の有効期間は通常３か月間であるところ、新型コロナウイルス感染症の影響に伴う諸情勢により、当面の間、６か月間有効なものとして取り扱います。詳細は、地方出入国在留管理官署にお尋ねください。

2-37 一時帰国した後、再入国ができないため実習の再開を遅らせたい場合

実習期間中の実習生が休暇を取って母国へ一時帰国をし、日本へ戻る予定が日本行の飛行機が運航を中止したために予定通り戻れなくなり、実習の再開を遅らせることになりますが、どのような手続きが必要でしょうか。

A 実習生が休暇で一時帰国していて日本へ戻れなくなり、実習の再開が遅れる場合は機構への届出だけで済みますが、再開が遅れた分、在留期間を延長する必要がある場合は、在留期間の更新許可申請が必要です。

再開時期･中断時期を明らかにすること

まず、技能実習実施困難時届出書を提出して一時的な中断の開始日を明らかにした上で、再入国が可能となった後、技能実習計画軽微変更届出書を提出し、再開時期を明らかにした上で技能実習を再開することが可能です。

この一時的な中断により実習に伴う在留期間を延長する必要がある場合は、当該技能実習実施困難時届出書及び技能実習計画軽微変更届出書の写しの添付により中断期間を明らかにし、地方出入国在留監理官署に在留期間の更新許可申請をしてください。なお、技能実習生が許可された在留期間内に再入国できない場合は、改めて在留資格認定証明書の交付を受け、入国の手続きを行う必要があります。

2-38

技能実習を修了したが新型コロナウイルス感染症の影響で母国に帰国できない場合

技能実習を修了した実習生が安全に帰国できそうにない場合、一定期間、日本に残って働くことが可能と聞きました。具体的な手続きを教えて下さい。

A 技能実習を修了した実習生が、母国へ帰る航空便が運航を中止したり、到着した空港からの公共交通機関が麻痺していたりして、安全に帰国できないと思われる場合は、技能実習で在留中の実習内容と同種の業務に従前と同等額以上の報酬で従事するという条件で在留資格が許可される場合があります。

短期滞在、特定活動に在留資格変更ができる

帰国便の確保や母国の住居地への帰宅が困難であると認められる実習生については、帰国できる環境が整うまでの一時的な滞在のため、「短期滞在」への在留資格変更を認めているほか、滞在費支弁等のための就労を希望する場合には「特定活動（就労可）（6月）」への在留資格変更が許可される場合があります。この就労活動については、従前の実習実施者又は従前の実習実施者での就労継続が困難な場合は新たな受入れ機関（技能実習生の受入実績のあるものに限る。）との契約に基づき、「技能実習」で在留中の実習内容と同種の業務に従前と同等額以上の報酬で従事するものである必要があります。

申請に当っては、帰国が困難であることについて合理的な理由があること等を確認できる資料及び理由書等を準備する必要があります。詳しくは地方出入国在留管理官署に相談下さい。

技能実習生が入国後に発熱等の症状が見られたため実習の開始を遅らせた場合

2-39

技能実習生が入国後に発熱等、コロナウイルスへの感染の疑いのある症状がある場合、暫く様子を見た後に入国後講習や実習を開始すると、実習期間が短くなります。在留期間を延長することはできないのでしょうか。

Q2-37と同様、実習の開始・中断期間を明らかにする届出書の写しを添えて、在留期間の更新許可申請ができます。

開始・中断時期を明らかにして申請を

技能実習生の健康観察を行うために予定されていた実習を一時的に中断した期間について、実習に伴う在留期間を延長する必要がある場合は、Q2-37と同様、技能実習実施困難時届出書及び技能実習計画軽微変更届出書の写しの添付により中断期間を明らかにし、地方出入国在留管理官署に在留期間の更新許可申請をして下さい。

2-40

技能検定試験等が中止になり次の段階の技能実習に移行できない場合

実習生が受検を予定していた技能検定試験機関から新型コロナ対策で試験場所が一時的に閉鎖されるので試験を中止するとの通知がありました。受検・移行ができるまでの間、就労を続ける方法はないでしょうか。

A 受検ができず、このままでは次の段階の技能実習に移行できない場合は、一定の条件下で「特定活動（就労可）（４月）」に在留資格を変更することが許可されます。ただし、次の段階の技能実習の期間は、特定活動の就労期間を除いた残りの期間になりますので注意が必要です。

検定等合格後速やかに次段階の技能実習へ移行することが条件

次段階（第２号又は第３号）の技能実習への移行が予定されている技能実習生が、新型コロナウイルス感染症の影響等による試験場所の閉鎖等で、現段階の技能実習の目標である技能検定等が受検できないときは、検定等合格後速やかに次段階の技能実習への移行手続きを行うこと等を条件に、「特定活動（就労可）（４月）」への在留資格変更許可を認めることとしています。当該就労活動については、従前の実習実施者との契約に基づき、「技能実習」で在留中の実習内容と同種の業務に従前と同等額以上の報酬で従事するものである必要があります。

申請に当たっては、新型コロナウイルス感染症の影響等により技能検定等が受検できない理由等を説明する資料及び次段階の技能実習に移行するまでの雇用契約に関する書面が必要です。なお、この「特定活動（就労可）（４月）」の在留資格変更許可を受けた後に次段階の技能実習へ移行する場合には、次段階の技能実習期間は、この「特定活動（就労可）（４月）」の在留期間を除いた残りの期間となることに注意する必要があります。

2-41

「特定技能１号」への移行の準備に時間を要する場合

２号技能実習を修了した技能実習生が、「特定技能１号」への移行を希望しているが、新型コロナウイルス感染症の影響等により移行手続きが間に合いません。移行までの期間、就労が可能となる方法を教えて下さい。

A　新型コロナウイルス感染症の影響等により移行手続きが間に合わない場合に限り、一定の条件下で「特定活動（就労可）（４月）」への在留資格変更が許可されます。

「特定活動(就労可)(４月)」に在留資格変更

在留資格「特定技能１号」への移行を希望する２号技能実習修了者（外国人建設就労者又は外国人造船就労者を含む。）が、新型コロナウイルス感染症の影響等により、移行に時間を要するときは、「特定活動（就労可）（４月）」への在留資格変更許可を認めることとしています。当該活動については、従前の受入れ機関との契約に基づき、従前の在留資格で在留中の活動内容と同種の業務に従前と同等額以上の報酬で従事するものである必要があります。

申請に当っては、新型コロナウイルス感染症の影響等により在留資格「特定技能１号」への移行に時間を要することを説明する資料、「特定活動（就労可）（４月）」での活動内容等に係る誓約書及び「特定技能１号」に移行するまでの雇用契約に関する書面が必要です。詳しくは、２号技能実習修了者の住居地を管轄する地方出入国在留管理官署にご相談ください。

2-42

実習実施者の経営状況が悪化し実習が継続困難となった場合

新型コロナウイルス感染症の影響で、受注が激減し、技能実習の継続が困難となりました。実習生をできるだけ保護したいですが、どのような対応が可能でしょうか。

A　自社の努力だけでは乗り切れない場合もあるでしょう。雇用調整助成金等の活用や、実習先変更のための転籍支援、新たな実習先が見つからない場合、「特定活動（就労可）（最大１年)」への在留資格変更等の方法があります。

やむを得ない場合は特定活動への資格変更を

雇用の維持が大切であるため、厚生労働省では雇用調整助成金の助成率を引き上げる等の拡充を行っています。技能実習生も日本人と同様に雇用調整助成金等の活用が可能であるため、まずは雇用の維持に努めていただくようお願いいたします。その上で、技能実習生の実習継続が困難となった場合には、技能実習実施困難時届出書を外国人技能実習機構へ提出していただき、技能実習生が希望する場合は、実習先変更のための転籍支援を行っていただくこととなります。

なお、新たな実習先がみつからない場合で、技能実習生が、特定技能外国人の業務に必要な技能を身に付けることを希望しているなどの一定の要件を満たすときには、在留資格「特定活動（就労可）（最大１年)」への在留資格変更が認められます。「特定活動（就労可）（最大１年)」への在留資格変更を希望する場合は、求職に必要な情報を関係機関等へ提出することに関する同意書を当該技能実習生へ案内してください。詳しくは地方出入国在留管理官署へお尋ねください。

特定技能

3-1

在留資格「特定技能」とは

2019年4月から、新たに「特定技能」という在留資格が設けられました。この在留資格が設けられた趣旨とその内容について教えてください。

一定の専門性・技能を有する外国人材を一定人数受け入れることで、人手不足を解消することを目的としています。

このまま人手不足を放置してしまうと、日本の経済・社会基盤を持続することが困難になります。そのため、特に人手不足が顕著な分野に関して、一定の専門性・技能を有した即戦力となる外国人材を受け入れるために、「特定技能」という新たな在留資格として創設されました。特定技能には1号と2号があります。2号は特定産業分野に属する熟練した技能を要する業務に従事する外国人の資格です。

この在留資格はあくまで「人手不足の解消」を目的としているため、受け入れる外国人数は全分野あわせて5年間で最大34.5万人と限定されていますが、各企業ごとの受け入れ枠の制限は設けられていません（これに対して技能実習生の場合、日本全体で受け入れる技能実習生の数に制限はありませんが、一企業ごとに受け入れることができる実習生の人数には制限が設けられています）。

受け入れ可能な業種は1号は次頁【図表3-1-2】で記載の14分野、2号はそのうちの「建設」「造船・船用」の2分野に限定されています。それ以外の分野で「特定技能」の在留資格で外国人材を受け入れることはできません。

図表3-1-1　特定技能1号と2号の違い

	特定技能1号	特定技能2号
技能水準	試験等で確認 （技能実習2号を修了した 外国人は試験等免除）	試験等で確認
日本語水準	日本語能力を試験等で確認 （技能実習2号を修了した外国人は試験等免除）	試験等での確認は不要
在留期間	通算5年まで （1年，6か月又は4か月ごとの更新）	制限なし （3年，1年又は6か月ごとの更新）
家族の帯同	基本的に認めない	可能（配偶者，子）
その他	受入れ機関又は登録支援機関による支援の対象	受入れ機関又は登録支援機関による支援の対象外

出所：出入国在留管理庁「在留資格「特定技能」について」（令和2年4月）より作成

図表3-1-2 受け入れ可能な業種と人数枠

	特定産業分野	分野所管行政機関	受け入れ見込数(5年間の最大値)	従事する業務	受入れ機関に対して特に課す条件
1	介護	厚労省	60,000人	・身体介護等（利用者の心身の状況に応じた入浴，食事，排せつの介助等）のほか，これに付随する支援業務(レクリエーションの実施，機能訓練の補助等) （注）訪問系サービスは対象外　〔1試験区分〕	・厚労省が組織する協議会に参加し，必要な協力を行うこと ・厚労省が行う調査又は指導に対し，必要な協力を行うこと ・事業所単位での受入れ人数枠の設定
2	ビルクリーニング		37,000人	・建築物内部の清掃 〔1試験区分〕	・厚労省が組織する協議会に参加し，必要な協力を行うこと ・厚労省が行う調査又は指導に対し，必要な協力を行うこと ・「建築物清掃業」又は「建築物環境衛生総合管理業」の登録を受けていること
3	素形材産業	経産省	21,500人	・鋳造・金属プレス加工 ・仕上げ・溶接・鍛造 ・工場板金・機械検査 ・ダイカスト・めっき ・機械保全・機械加工 ・アルミニウム陽極酸化処理 ・塗装　〔13試験区分〕	・経産省が組織する協議会に参加し，必要な協力を行うこと ・経産省が行う調査又は指導に対し，必要な協力を行うこと
4	産業機械製造業		5,250人	・鋳造・塗装・仕上げ ・電気機器組立て・溶接 ・鍛造・鉄工・機械検査 ・プリント配線板製造 ・工業包装・ダイカスト ・工場板金・機械保全 ・プラスチック成形 ・機械加工・めっき ・電子機器組立て ・金属プレス加工 〔18試験区分〕	・経産省が組織する協議会に参加し，必要な協力を行うこと ・経産省が行う調査又は指導に対し，必要な協力を行うこと

（次頁に続く）

5	電気・電子情報関連産業	経産省	4,700人	・機械加工・仕上げ ・プリント配線板製造 ・工業包装・金属プレス加工 ・機械保全 ・プラスチック成形 ・工場板金・電子機器組立て ・塗装・めっき ・電気機器組立て・溶接 〔13試験区分〕	・経産省が組織する協議会に参加し，必要な協力を行うこと ・経産省が行う調査又は指導に対し，必要な協力を行うこと
6	建設	国交省	40,000人	・型枠施工・土工 ・内装仕上げ／表装・左官 ・屋根ふき ・コンクリート圧送 ・電気通信 ・トンネル推進工 ・鉄筋施工・建設機械施工 ・鉄筋継手 ・とび ・建築大工 ・配管 ・建築板金 ・吹付ウレタン断熱 ・保温保冷 ・海洋土木工 〔18試験区分〕	・外国人の受入れに関する建設業者団体に所属すること ・国交省が行う調査又は指導に対し，必要な協力を行うこと ・建設業法の許可を受けていること ・日本人と同等以上の報酬を安定的に支払い，技能習熟に応じて昇給を行う契約を締結していること ・雇用契約に係る重要事項について，母国語で書面を交付して説明すること ・受入れ建設企業単位での受入れ人数枠の設定 ・報酬等を記載した「建設特定技能受入計画」について，国交省の認定を受けること ・国交省等により，認定を受けた「建設特定技能受入計画」を適正に履行していることの確認を受けること ・特定技能外国人を建設キャリアアップシステムに登録すること　等
7	造船・舶用工業		13,000人	・溶接・仕上げ・塗装 ・機械加工・鉄工 ・電気機器組立て 〔6試験区分〕	・国交省が組織する協議会に参加し，必要な協力を行うこと ・国交省が行う調査又は指導に対し，必要な協力を行うこと ・登録支援機関に支援計画の実施を委託するに当たっては，上記条件を満たす登録支援機関に委託すること

（次頁に続く）

8	自動車整備	国交省	7,000 人	・自動車の日常点検整備，定期点検整備，分解整備〔1 試験区分〕	・国交省が組織する協議会に参加し，必要な協力を行うこと ・国交省が行う調査又は指導に対し，必要な協力を行うこと ・登録支援機関に支援計画の実施を委託するに当たっては，上記条件等を満たす登録支援機関に委託すること ・道路運送車両法に基づく認証を受けた事業場であること
9	航空	国交省	2,200 人	・空港グランドハンドリング（地上走行支援業務，手荷物・貨物取扱業務等） ・航空機整備（機体，装備品等の整備業務等）〔2 試験区分〕	・国交省が組織する協議会に参加し，必要な協力を行うこと ・国交省が行う調査又は指導に対し，必要な協力を行うこと ・登録支援機関に支援計画の実施を委託するに当たっては，上記条件を満たす登録支援機関に委託すること ・空港管理規制に基づく構内営業承認等を受けた事業者又は航空法に基づく航空機整備等に係る認定事業場等であること
10	宿泊	国交省	22,000 人	・フロント，企画・広報，接客，レストランサービス等の宿泊サービスの提供〔1 試験区分〕	・国交省が組織する協議会に参加し，必要な協力を行うこと ・国交省が行う調査又は指導に対し，必要な協力を行うこと ・登録支援機関に支援計画の実施を委託するに当たっては，上記条件を満たす登録支援機関に委託すること ・「旅館・ホテル営業」の許可を受けた者であること ・風俗営業関連の施設に該当しないこと ・風俗営業関連の接待を行わせないこと

（次頁に続く）

11	農業	農水省	36,500人	・耕種農業全般（栽培管理，農産物の集出荷・選別等） ・畜産農業全般（飼養管理，畜産物の集出荷・選別等） 〔2試験区分〕	・農水省が組織する協議会に参加し，必要な協力を行うこと ・農水省が行う調査又は指導に対し，必要な協力を行うこと ・登録支援機関に支援計画の実施を委託するに当たっては，協議会に対し必要な協力を行う登録支援機関に委託すること ・労働者を一定期間以上雇用した経験がある農業経営体であること
12	漁業	農水省	9,000人	・漁業（漁具の製作・補修，水産動植物の探索，漁具・漁労機械の操作，水産動植物の採捕，漁獲物の処理・保蔵，安全衛生の確保等） ・養殖業（養殖資材の製作・補修・管理，養殖水産動植物の育成管理・収獲（穫）・処理，安全衛生の確保等） 〔2試験区分〕	・農水省が組織する協議会に参加し，必要な協力を行うこと ・農水省が行う調査又は指導に対し，必要な協力を行うこと ・農水省が組織する協議会において協議が調った措置を講じること ・登録支援機関に支援計画の実施を委託するに当たっては，分野固有の基準に適合している登録支援機関に限ること
13	飲食料品製造業	農水省	34,000人	・飲食料品製造業全般（飲食料品（酒類を除く）の製造・加工，安全衛生） 〔1試験区分〕	・農水省が組織する協議会に参加し，必要な協力を行うこと ・農水省が行う調査又は指導に対し，必要な協力を行うこと
14	外食業	農水省	53,000人	・外食業全般（飲食物調理，接客，店舗管理） 〔1試験区分〕	・農水省が組織する協議会に参加し，必要な協力を行うこと ・農水省が行う調査又は指導に対し，必要な協力を行うこと ・風俗営業関連の営業所に就労させないこと ・風俗営業関連の接待を行わせないこと

出所：出入国在留管理庁「在留資格「特定技能」について」（令和２年４月）より作成

3-2

「特定技能」と「技能実習」の違い

特定技能と技能実習は、具体的にどのような点が違うのでしょうか。

A 途上国への技能伝達等を目的として始まった「技能実習」と、特定分野の人手不足解消を目的として始まった「特定技能」では適用される法律も一部異なります。そのため、以下のような違いがあります。

図表3-2-1 特定技能と技能実習の違い

	技能実習生	特定技能
在留資格	技能実習	特定技能
法令	・外国人の技能実習の適正な実施及び技能実習生の保護に関する法律 ・出入国管理及び難民認定法	・出入国管理及び難民認定法
目的	技能・技術の開発途上国への移転	我が国の人手不足の解消
滞在期間	1号：1年以内 2号：2年以内 3号：2年以内（合計最長5年）	1号：通算5年 2号：一定期間を超えれば永住の在留資格取得も可能
家族帯同	1号、2号、3号いずれも不可	1号：不可 2号：可
受入可能業種	1号：基本的に制限なし 2号：82職種146作業 3号：77職種132作業	1号：①介護②ビル清掃③農業④漁業⑤食品・飲料製造⑥飲食サービス⑦材料産業⑧産業機械⑨エレクトロニクス及び電気機器産業⑩建設⑪造船・船用⑫自動車整備⑬航空（航空機メンテナンス等）⑭宿泊 2号：平成31年4月1日現在で，⑩と⑪に限られている。

（次頁に続く）

外国人の技能水準	なし	試験その他の評価方法により下記が証明されていること 1号：相当程度の知識又は経験を有していること（技能実習2号を良好に修了した者は試験等免除） 2号：業務に必要な「熟練した技能」を有していること
入国時の試験	なし（介護職種のみ入国時N4レベルの日本語能力要件あり）	特定1号：技能水準、日本語能力水準を試験等で実施（技能実習2号を良好に修了した者は試験等免除）
活動内容	(1号)技能実習計画に基づいて講習を受け、および技能などにかかる業務に従事する活動 (2号、3号) 技能実習計画に基づいて技能等を要する業務に従事する活動 (非専門的、技術的分野)	相当程度の知識又は経験を必要とする技能を要する業務に従事する活動 (専門的、技術的分野)
送出機関	外国政府の推薦又は認定を受けた団体	なし
受け入れ企業や人材を指導、サポートする機関	監理団体 (非営利の事業協同組合等が実習実施への監査その他の監理事業を実施。主務大臣による許可制) ※企業単独型で受け入れる場合は不要	登録支援機関（1号のみ） (個人または団体が受け入れ機関からの委託を受けて特定技能外国人に住居の確保その他支援を実施。出入国在留管理庁による登録制) ※自社独自で支援を行う場合は不要。なお、2号は支援の対象外
受入人数	・企業規模ごと、受け入れ方法（団体監理型、企業単独型）や常勤職員数に応じた人数枠あり ・日本全体として受け入れ人数に制限は設けていない	・企業ごとの受け入れ人数枠はない（介護分野・建設分野を除く） ・2019年から5年間の最大受け入れ見込み数345,150人
転籍・転職	原則不可。ただし、実習実施先の倒産などやむを得ない場合や2号から3号への移行時は転籍可能	同一の業務区分内において可（1号特定技能外国人が転職する際にハローワークを利用する場合は、ハローワークにおいて適切な職業相談・職業紹介を行う）

出所：出入国在留管理庁「特定技能外国人受入れに関する運用要領」（令和2年4月）をもとに作成

3-3 技能実習２号移行職種と特定技能１号の分野の関連性について

技能実習２号移行職種に該当すれば特定技能１号で受け入れられるのでしょうか。一方、技能実習２号での受け入れはできないものの、特定技能１号での受入れは可能な業種もあると聞きました。両分野の関連性について教えてください。

A 技能実習２号での受け入れは可能でも、特定技能では受け入れられない分野・職種もありますし、その逆もあります。自社の業種・職種が当てはまっているか確認が必要になります。

特定技能は産業と業務、技能実習は職種

特定技能１号で就労を希望する外国人は、従事する業務に必要な技能水準及び日本語水準が試験その他の評価方法により証明される必要があります。

一方、技能実習２号を良好に修了しており、従事する業務と技能実習２号の職種・作業に関連性が認められる場合には、技能水準および日本語について試験などによる証明の必要はありません。そのため技能実習２号あるいは３号修了者は容易に特定技能１号で就労が可能といえますが、技能実習での職種が特定技能制度で認められている産業分類・業務に該当するかの確認が必要になります。

特定技能で受け入れ可能な産業分野は図3-1-2に示された14分野です。

ここで注意する点は、特定技能外国人受け入れ可能企業がこのように産業と従事する業務で規定されている一方、技能実習制度は職種で規定されていることです。

そのため特定技能制度の産業分類・業務と技能実習の職種には整合性がない部分が生じています。技能実習の職種は同じでも受け入れ企業の産業分類によって特定技能１号で受け入れできる場合とできない場合があります。技能実習実施企業が２号あるいは３号修了者を特定技能１号で再雇用する際、自社の産業分類及び業務区分が特定技能で従事可能か確認する必要があります。

例えば、図表3-3-1の技能実習「7 その他（15職種27作業）」にある「塗装職種」では建築塗装、金属塗装、鋼橋塗装、噴霧塗装の４つの作業があります。しかし、技能実習での塗装作業自体は同じでも、受け入れ企業が素形材産業、産業機械製造業、電気・電子情報関連産業、船舶・舶用工業に限定されており、それに該当しなければ、特定技能外国人を受け入れることができません。

詳しくは特定技能各分野の要領別冊（法務省・厚生労働省編）を確認する必要があります。

また、各受け入れ分野の分野別運用方針において定める当該特定産業分野の業務区分が改定されることもあります。令和２年２月２８日、建設分野における特定技能外国人の受入れ対象職種について、従来からの 11 職種に加え、新たにとび、建築大工、配管、建築板金、保温保冷、吹付ウレタン断熱、海洋土木工７職種が追加されました。

受け入れ分野の変更など詳細については、そのつど、法務省や関係省庁のサイトで確認してください。

【図表 3-3-1】からわかるとおり、技能実習 2 号移行職種と特定技能 1 号における分野の関連性は次の通りです。

図表3-3-1 技能実習２号移行対象職種と特定技能１号における分野（業務区分）との関係性について

1 農業関係（2 職種 6 作業）

職種名	作業名	分野（業務区分）
耕種農業	施設園芸	農業（耕種農業全般）
	畑作・野菜	
	果樹	
畜産農業	養豚	農業（畜産農業全般）
	養鶏	
	酪農	

2 漁業関係（2 職種 9 作業）

職種名	作業名	分野（業務区分）
漁船漁業	かつお一本釣り漁業	漁業（漁業）
	延縄漁業	
	いか釣り漁業	
	まき網漁業	
	ひき網漁業	
	刺し網漁業	
	定置網漁業	
	かに・えびかご漁業	
養殖業	ほたてがい・まがき養殖	漁業（養殖業）

3 建設関係（22 職種 33 作業）

職種名	作業名	分野（業務区分）
さく井	パーカッション式さく井工事	
	ロータリー式さく井工事	
建築板金	ダクト板金	建設（建築板金）
	内外装板金	
冷凍空気調和機器施工	冷凍空気調和機器施工	
建具製作	木製建具手加工	
建築大工	大工工事	建設（建築大工）
型枠施工	型枠工事	建設（型枠施工）
鉄筋施工	鉄筋組立て	建設（鉄筋施工）
とび	とび	建設（とび）
石材施工	石材加工	
	石張り	
タイル張り	タイル張り	
かわらぶき	かわらぶき	建設（屋根ふき）
左官	左官	建設（左官）
配管	建築配管	建設（配管）
	プラント配管	

（次頁に続く）

熱絶縁施工	保温保冷工事	建設（保温保冷）	
内装仕上げ施工	プラチック系床仕上げ工事	建設（内装仕上げ）	建設（表装）
	カーペット系床上げ工事		
	鋼製下地工事		
	ボード仕上げ工事		
	カーテン工事		
サッシ施工	ビル用サッシ施工		
防水施工	シーリング防水工事		
コンクリート圧送施工	コンクリート圧送工事	建設（コンクリート圧送）	
ウエルポイント施工	ウエルポイント工事		
表装	壁装	建設（表装）	建設（内装仕上げ）
建設機械施工	押土・整地	建設（建設機械施工）	
	積込み		
	掘削		
	締固め		
築炉	築炉		

4 食品製造関係（11 職種 16 作業）

職種名	作業名	分野（業務区分）
缶詰巻締	缶詰巻締	飲食料品製造業全般（飲食料品製造業全般（飲食料品（酒類を除く。）の製造・加工・安全衛生））
食鳥処理加工業	食鳥処理加工	
加熱性水産加工食品製造業	節類製造	
	加熱乾製品製造	
	調味加工品製造	
	くん製品製造	
非加熱性水産加工食品製造業	塩蔵品製造	
	乾製品製造	
	発酵食品製造	
水産練り製品製造	かまぼこ製品製造	
牛豚食肉処理加工業	牛豚部分肉製造	
ハム・ソーセージ・ベーコン製造	ハム・ソーセージ・ベーコン製造	
パン製造	パン製造	
そう菜製造業	そう菜加工	
農産物漬物製造業	農産物漬物製造	
医療・福祉施設給食製造	医療・福祉施設給食製造	外食業

5 繊維・衣服関係（13 職種 22 作業）

職種名	作業名	分野（業務区分）
紡績運転	前紡工程	
	静紡工程	
	巻糸工程	
	合ねん糸工程	
織布運転	準備工程	
	製織工程	
	仕上工程	
染 色	糸浸染	
	織物・ニット浸染	
ニット製品製造	靴下製造	
	丸編みニット製造	
たて編ニット生地製造	たて編ニット生地製造	
婦人子供服製造	婦人子供既製服縫製	
紳士服製造	紳士既製服製造	
下着類製造	下着類製造	
寝具製作	寝具製作	
カーペット製造	織じゅうたん製造	
	タフテッドカーペット製造	
	ニードルパンチカーペット製造	
帆布製品製造	帆布製品製造	
布はく縫製	ワイシャツ製造	
座席シート縫製	自動車シート縫製	

6 機械・金属関係（15 職種 29 作業）

職種名	作業名	分野（業務区分）			
鋳造	鋳鉄鋳物鋳造	素形材産業（鋳造）	産業機械製造業（鋳造）		
	非鉄金属鋳物鋳造				
鍛造	ハンマ型鍛造	素形材産業（鍛造）	産業機械製造業（鍛造）		
	プレス型鍛造				
ダイカスト	ホットチャンバダイカスト	素形材産業（ダイカスト）	産業機械製造業（ダイカスト）		
	コールドチャンバダイカスト				

（次頁に続く）

機械加工	普通旋盤	素形材産業（機械加工）	産業機械製造業（機械加工）	電気・電子情報関連産業（機械加工）	造船・舶用工業（機械加工）
	フライス盤				
	数値制御旋盤				
	マシニングセンタ				
金属プレス加工	金属プレス	素形材産業（金属プレス加工）	産業機械製造業（金属プレス加工）	電気・電子情報関連産業	
鉄工	構造物鉄工		産業機械製造業（鉄工）		造船·舶用工業（鉄工）
工場板金	機械板金	素形材産業（工場板金）	産業機械製造業（工場板金）	電気・電子情報関連産業（工場板金）	
めっき	電気めっき	素形材産業（めっき）	産業機械製造業（めっき）	電気・電子情報関連産業（めっき）	
	溶融亜鉛めっき				
アルミニウム陽極酸化処理	陽極酸化処理	素形材産業（アルミニウム）			
仕上げ	治工具仕上げ	素形材産業（仕上げ）	産業機械製造業（仕上げ）	電気・電子情報関連産業（仕上げ）	造船・舶用工業（仕上げ）
	金型仕上げ				
	機械組立仕上げ				
機械検査	機械検査	素形材産業（機械検査）	産業機械製造業（機械検査）		
機械保全	機械系保全	素形材産業（機械保全）	産業機械製造業（機械保全）	電気・電子情報関連産業（機械保全）	
電子機器組立て	電子機器組立て		産業機械製造業（電子機器組立て）	電気・電子情報関連産業(電子機器組立て)	

（次頁に続く）

職種名	作業名	分野（業務区分）			
電気機器組立て	回転電機組立て		産業機械製造業（電気機器組立て）	電気・電子情報関連産業(電気機器組立て)	造船・舶用工業（電気機器組立て）
	変圧器組立て				
	配電盤・制御盤組立て				
	開閉制御器具組立て				
	回転電機巻線製作				
プリント配線板製造	プリント配線板設計		産業機械製造業（プリント配線板製造）	電気・電子情報関連産業（プリント配線板製造）	
	プリント配線板製造				

7 その他（15 職種 27 作業）

職種名	作業名	分野（業務区分）			
家具製作	家具手加工				
印刷	オフセット印刷				
製本	製本				
プラスチック成形	圧縮成形		産業機械製造業（プラスチック成形）	電気・電子情報関連産業(プラスチック成形)	
	射出成形				
	インフレーション成形				
	ブロー成形				
強化プラスチック成形	手積み積層成形				
塗装	建築塗装	素形材産業（塗装）	産業機械製造業（塗装）	電気・電子情報関連産業（塗装）	
	金属塗装				造船·舶用工業（塗装）
	鋼橋塗装				
	噴霧塗装				造船·舶用工業（塗装）

（次頁に続く）

溶接	手溶接	素形材産業（溶接）	産業機械製造業（溶接）	電気・電子情報関連産業（溶接）	造船・舶用工業（溶接）
	半自動溶接				
工業包装	工業包装		産業機械製造業（工業包装）	電気・電子情報関連産業（工業包装）	
紙器・段ボール箱製造	印刷箱打抜き				
	印刷箱製箱				
	貼箱製造				
	段ボール箱製造				
陶磁器工業製品製造	機械ろくろ成形				
	圧力鋳込み成形				
	パッド印刷				
自動車整備	自動車整備	自動車整備			
ビルクリーニング	ビルクリーニング	ビルクリーニング			
介護	介護	介護			
リネンサプライ	リネンサプライ仕上げ				
コンクリート製品製造	コンクリート製品製造				

○ 社内検定型の職種・作業（1 職種 3 作業）

職種名	作業名	分野（業務区分）
空港グランドハンドリング	航空機地上支援	空港グランドハンドリング
	航空貨物取扱	
	客室清掃	

出所：出入国在留管理庁　資料（令和元年 11 月 8 日現在）

図表3-3-2　特定技能1号における分野と技能実習2号移行対象職種との関係性について

1 介護

職種名	作業名
介護	介護

(注) 平成29年11月1日から対象職種に追加

2 ビルクリーニング

職種名	作業名
ビルクリーニング	ビルクリーニング

3 素形材産業

職種名	作業名
鋳造	鋳鉄鋳物鋳造
	非鉄金属鋳物鋳造
鍛造	ハンマ型鍛造
	プレス型鍛造
ダイカスト	ホットチャンバダイカスト
	コールドチャンバダイカスト
機械加工	普通旋盤
	フライス盤
	数値制御旋盤
	マシニングセンタ
金属プレス加工	金属プレス
工場板金	機械板金
めっき	電気めっき
	溶融亜鉛めっき
アルミニウム陽極酸化処理	アルミニウム陽極酸化処理
仕上げ	治工具仕上げ
	金型仕上げ
	機械組立仕上げ
機械検査	機械検査
機械保全	機械系保全
塗装	建築塗装
	金属塗装
	鋼橋塗装
	噴霧塗装
溶接	手溶接
	半自動溶接

4 産業機械製造業

職種名	作業名
鋳造	鋳鉄鋳物鋳造
	非鉄金属鋳物鋳造
鍛造	ハンマ型鍛造
	プレス型鍛造
ダイカスト	ホットチャンバダイカスト
	コールドチャンバダイカスト
機械加工	普通旋盤
	フライス盤
	数値制御旋盤
	マシニングセンタ
金属プレス加工	金属プレス
鉄工	構造物鉄工
工場板金	機械板金
めっき	電気めっき
	溶融亜鉛めっき
仕上げ	治工具仕上げ
	金型仕上げ
	機械組立仕上げ
機械検査	機械検査

機械保全	機械系保全
電子機器組立て	電子機器組立て
電気機器組立て	回転電機組立て
	変圧器組立て
	配電盤・制御盤組立て
	開閉制御器具組立て
	回転電機巻線製作
プリント配線板製造	プリント配線板設計
	プリント配線板製造
プラスチック成形	圧縮成形
	射出成形
	インフレーション成形
	ブロー成形
塗装	建築塗装
	金属塗装
	鋼橋塗装
	噴霧塗装
溶接	手溶接
	半自動溶接
工業包装	工業包装

5 電気・電子情報関連産業

職種名	作業名
機械加工	普通旋盤
	フライス盤
	数値制御旋盤
	マシニングセンタ
金属プレス加工	金属プレス
工場板金	機械板金
めっき	電気めっき
	溶融亜鉛めっき
仕上げ	治工具仕上げ
	金型仕上げ
	機械組立仕上げ
機械保全	機械系保全
電子機器組立て	電子機器組立て
電気機器組立て	回転電機組立て
	変圧器組立て
	配電盤・制御盤組立て
	開閉制御器具組立て
	回転電機巻線製作
プリント配線板製造	プリント配線板設計
	プリント配線板製造
プラスチック成形	圧縮成形
	射出成形
	インフレーション成形
	ブロー成形
塗装	建築塗装
	金属塗装
	鋼橋塗装
	噴霧塗装
溶接	手溶接
	半自動溶接
工業包装	工業包装

6 建設

職種名	作業名
型枠施工	型枠工事作業
左官	左官作業
コンクリート圧送施工	コンクリート圧送工事作業
建設機械施工	押土・整地作業
	積込み作業
	掘削作業
	締固め作業
かわらぶき	かわらぶき作業

（次頁に続く）

鉄筋施工	鉄筋組立て作業
内装仕上げ施工	プラスチック系床仕上げ工事作業
	カーペット系床仕上げ工事作業
	鋼製下地工事作業
	ボード仕上げ工事作業
	カーテン工事作業
とび	とび作業
表装	壁装作業
建築大工	大工工事作業
配管	建築配管作業
	プラント配管作業
建築板金	ダクト板金作業
	内外装板金作業
熱絶縁施工	保温保冷工
鉄工	構造物鉄工作業
仕上げ	治工具仕上げ作業
	金型仕上げ作業
	機械組立仕上げ作業
機械加工	普通旋盤作業
	数値制御旋盤作業
	フライス盤作業
	マシニングセンタ作業
電気機器組立て	回転電機組立て作業
	変圧器組立て作業
	配電盤・制御盤組立て作業
	開閉制御器具組立て作業
	回転電機巻線製作作業

7 造船・舶用工業

職種名	作業名
溶接	手溶接
	半自動溶接
塗装	金属塗装作業
	噴霧塗装作業

8 自動車整備

職種名	作業名
自動車整備	自動車整備

9 航空

職種名	作業名
空港グランドハンドリング	航空機地上支援
	航空貨物取扱
	客室清掃

10 宿泊

職種名	作業名

11 農業

職種名	作業名
耕種農業	施設園芸
	畑作・野菜
	果樹
畜産農業	養豚
	養鶏
	酪農

12 漁業

職種名	作業名
漁船漁業	かつお一本釣り漁業
	延縄漁業
	いか釣り漁業
	まき網漁業
	ひき網漁業
	刺し網漁業
	定置網漁業
	かに・えびかご漁業

（次頁に続く）

養殖業	ほたてがい・ まがき養殖

13 飲食料品製造業

職種名	作業名
缶詰巻締	缶詰巻締
食鳥処理加工業	食鳥処理加工
加熱性水産加工食品製造業	節類製造
	加熱乾製品製造
	調味加工品製造
	くん製品製造
非加熱性水産加工食品製造業	塩蔵品製造
	乾製品製造
	発酵食品製造
水産練り製品製造	かまぼこ製品製造
牛豚食肉処理加工業	牛豚部分肉製造
ハム・ソーセージ・ベーコン製造	ハム・ソーセージ・ベーコン製造
パン製造	パン製造
そう菜製造業	そう菜加工
農産物漬物製造業	農産物漬物製造

14 外食業

職種名	作業名
医療・福祉施設給食製造	医療・福祉施設給食製造

（注）平成 30 年 11 月 16 日から対象職種に追加

出所：出入国在留管理庁　資料
（令和元年 11 月 8 日現在）

3-4

「特定技能１号」と「特定技能２号」の相違点

特定技能には「１号」と「２号」があると聞きました。具体的な違いについて教えてください

A　Ｑ３－２の【図表 3-2-1】でも一部記載しましたが、特定技能１号と比べて２号では、「家族の帯同が可能になる点」「永住の在留資格の算定対象とする期間」等、【図表 3-4-1】のとおり、さまざまな違いがあります。

２号については受入可能業種がごく一部に制限されていること、実際に２号に該当する人材が生じるまでにはまだ先ですから、今後、さらなる変更も考えられます（つまり、特定技能２号の対象にならない業種については、特定技能１号で通算５年滞在した後は、帰国する必要があります）。

図表3-4-1　特定技能１号と２号の違い

	特定技能１号	特定技能２号
受入可能分野	①介護②ビルクリーニング③素形材産業④産業機械製造業⑤電気・電子情報関連産業⑥建設⑦造船・舶用工業⑧自動車整備⑨航空⑩宿泊⑪農業⑫漁業⑬飲食料品製造業⑭外食業	⑥⑦
技能水準の条件	・業種ごとに定められた技能試験に合格すること →但し技能実習２号を修了すれば試験免除 ※相当程度の知識又は経験を必要とする技能が必要	業務に必要な「熟練した技能」を有していることを、特定産業分野ごとに定められている試験やその他の評価方法により確認。 ※長年の実務経験等により身につけた熟達した技能が必要
日本語能力水準	・日本語能力を試験等で確認（評価方法は特定産業分野に係る分野別運用方針及び分野別運用要領で定められている） ・技能実習２号を良好に修了した者は試験等免除	・試験等での確認は不要

（次頁に続く）

在留期間	1年、6か月又は4か月ごとの更新、通算で上限5年まで	3年、1年または6か月ごとの更新期限の制限なし
家族帯同	不可	要件を満たせば可（配偶者、子）
受入れ機関又は登録支援機関	支援の対象となる	支援の対象外

出所：出入国在留管理庁「特定技能外国人受入れに関する運用要領」（令和2年4月）

Q 3-5

手続きの流れ

「特定技能」の在留資格で外国人を受け入れる際のおおまかな流れについて教えてください

A 特定技能の在留資格で外国人を受け入れる際の流れは以下の通りです。

以下のQ＆Aで各項目について順番に解説していきます。

図表3-5-1 「特定技能１号」外国人受け入れの流れと本書のQ&A

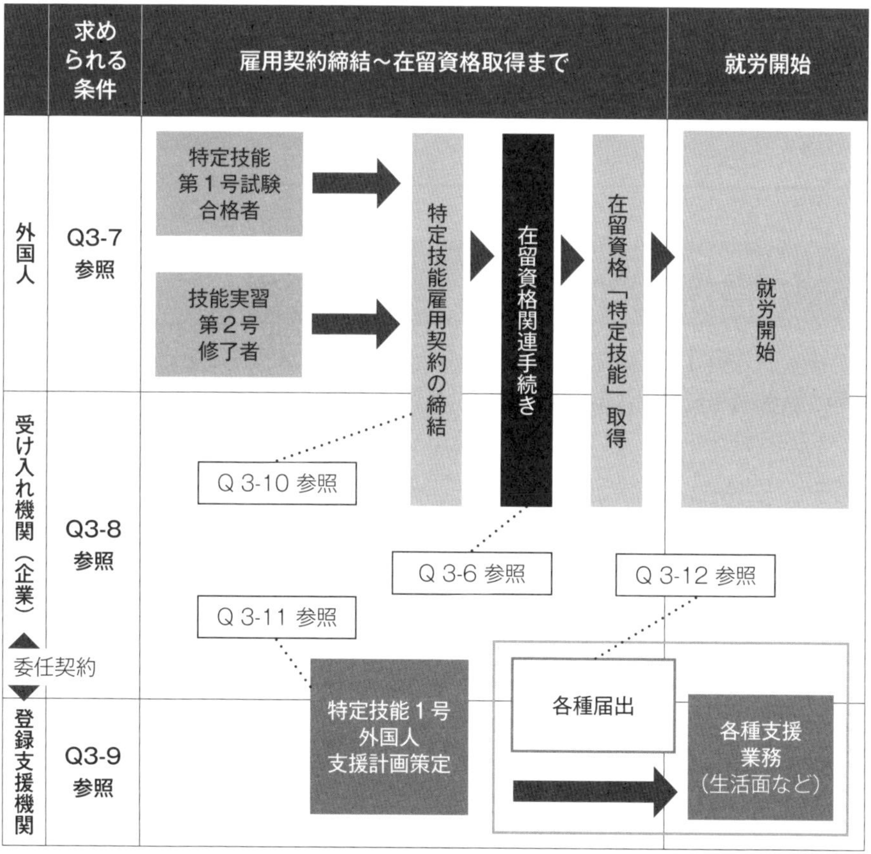

	求められる条件	雇用契約締結～在留資格取得まで	就労開始
外国人	Q3-7 参照	特定技能第１号試験合格者／技能実習第２号修了者 → 特定技能雇用契約の締結 → 在留資格関連手続き → 在留資格「特定技能」取得 →	就労開始
受け入れ機関（企業）	Q3-8 参照	Q 3-10 参照（特定技能雇用契約の締結）／Q 3-6 参照（在留資格関連手続き）／Q 3-11 参照（特定技能１号外国人支援計画策定）	Q 3-12 参照（各種届出・各種支援業務）
▲委任契約▼			
登録支援機関	Q3-9 参照	特定技能１号外国人支援計画策定 →	各種届出／各種支援業務（生活面など）

出所：法務省入国管理局（当時）「在留資格「特定技能」が創設されます (受入れ機関向け)」を参考に作成

3-6

日本にいる外国人を受け入れる場合と海外にいる外国人を受け入れる場合の手続き

受け入れにあたって、「国内にいる外国人」と「海外にいる外国人」で手続きが違う点について教えてください

A 日本国内にいる外国人はすでに日本で何らかの在留資格（例：留学等）を保有していますので、現在保有している在留資格から「特定技能」の在留資格に変更するための変更申請が必要になります。

一方、海外にいる外国人は新規で在留資格の申請が必要ですので、地方出入国在留管理局に「在留資格認定証明書交付申請」を行う必要があります。

このように、同じ「特定技能」の在留資格で働いてもらう場合でも、日本にいる外国人なのか、海外にいる外国人かによって、在留資格手続きの進め方が異なるとともに、在留資格取得までの所要時間も異なりますので留意が必要です。

1. 日本国内にいる外国人を「特定技能」の在留資格で受け入れる場合

在留資格変更許可申請を行います。原則として外国人本人による申請が必要です。通常の在留資格変更許可申請に加えて主な添付資料は以下の通りですが、詳細は出出入国在留管理庁ウェブサイトにてご確認ください。

図表3-6-1 **（在留資格変更の）主な添付資料**

- 受け入れ機関の概要
- 特定技能雇用契約書の写し
- 一号特定技能外国人支援計画
- 日本語能力を証する資料
- 技能を証する資料

2. 海外にいる外国人を受け入れる場合

在留資格認定証明書交付申請を受け入れ機関が地方出入国在留管理局に提出します。

在留資格認定証明書を受領後、受け入れ機関から外国人に送付し、外国人本人が在外公館にてビザの申請を行います。

通常の在留資格変更許可申請に加えて主な添付資料は以下の通りです。詳細は出入国在留管理庁ウェブサイトにてご確認ください。

図表3-6-2　**（海外から受け入れる際の）主な添付資料**

・受け入れ機関の概要　・特定技能雇用契約書の写し
・一号特定技能外国人支援計画　・日本語能力を証する資料
・技能を証する資料

3-7

外国人側に求められる要件

「特定技能」の在留資格が認められるために外国人に求められる要件について教えてください

特定技能外国人に関しては「年齢」「健康状態」をはじめ、様々な条件を満たす必要があります。

【図表 3-7-1】は特定技能外国人に求められる要件を満たすための概要をまとめています。

図表3-7-1 特定技能外国人の要件

	特定技能1号	特定技能2号
年齢	18歳以上	同左
健康状態	良好であること ・医師の診断必要（※）	同左
技能水準	従事する業務に必要な「相当程度の知識又は経験を必要とする技能」を有していることを、試験その他の評価方法で証明されていること （ただし技能実習第２号を良好に修了しており、従事業務と技能実習第２号の職種・作業に関連性が認められる場合は試験その他の評価方法による証明は要しない）	従事する業務に必要な「熟練した技能」を有していることが試験その他の評価方法により証明されていること
日本語力	「ある程度の日常会話ができ、生活に支障がない程度の能力・特定産業分野ごとに業務上必要なの日本語能力水準」を有していることが試験その他の評価方法で証明されていること （ただし技能実習第２号を良好に修了している場合は、日本語能力水準については試験その他の評価方法による証明は要しない）	—

（次頁に続く）

退去強制令書への円滑な執行への協力	退去強制令書の円滑な執行に協力しない国・地域の外国人でないこと	同左
通算在留期間に関するもの	特定技能１号で在留できる期間が通算で５年以内であること	期限の制限なし
保証金の徴収・違約金契約等に関するもの	本人またはその親族などが保証金の徴収や財産の管理又は違約金契約を締結させられていないこと等	同左
費用負担の合意に関するもの	入国前および在留中に負担する費用について、当該外国人が負担する費用の額及びその内訳を理解して合意していること等	同左
本国において遵守すべき手続きに関するもの	海外に渡航して労働を行う場合の当該本国での許可など、本国において必要な手続きを遵守していること	同左
技能実習により習得等した技能などの本国の移転に関するもの	—	技能実習の活動に従事していたものが「特定技能２号」の許可を受ける場合は、技能実習において習得などした技能を本国へ移転することに努めると認められること
分野に特有の事情に鑑みて定められた基準に関するもの	特定分野毎の特有の事情に鑑みて個別に定める基準に適合していること	同左

（※）日本入国前に現地で、あるいは在留中の場合は日本で医師の診断を受け、健康を立証する資料を提出する。立証資料は所定の健康診断個人票（参考様式第１－３号）あるいは同様の検診項目を含む異なる形式でも可能だが「安定・継続的に就労活動を行うことについて」医師の署名があることが求められる。また診断項目のうち,「胸部エックス線検査」に異常所見がある場合には，喀痰検査を実施し，活動性結核でないことを確認することが必要。

出所：出入国在留管理庁「特定技能外国人受入れに関する運用要領」（令和２年４月）より作成

3-8

特定技能外国人の出身国の制度

「特定技能」の場合、送出し国側の費用はどうなるのでしょうか？

特定技能制度は日本の制度ですが、出身者の国では国ごとに対応する制度を定めています。

国ごとに制度も費用も異なる

各国の制度や手続きはそれぞれ日本との2国間協定をもとに2020年に入り詳細が固まりつつあります。

国ごとに手続きが違い、費用も異なるので注意が必要です。例えば送出し管理費ですが、技能実習制度では毎月送出機関に一人当たり5～10千円程度の管理費（国や機関により異なります）としての支払いがあります。特定技能では技能実習制度のような送出し管理費は存在しません。

しかし特定技能では国や送出機関により異なった形で費用が要求されるようです。2号もしくは3号技能実習修了者を受け入れる場合も、あるフィリピンの送出機関は、出国前費用（書類作成・査証取得料等込み、航空券代別）とは別に管理費として一人あたり月額5,000円を雇用契約終了までの間支払うこととしています。同様のケースでベトナムのある送出機関は送出し手数料として一括で1人当り250,000円（書類作成・査証取得料等込み、航空券代別）で月々の費用はありません。ミャンマーのある送出機関はやはり一括で1,500米ドル（書類作成・査証取得料等込み、航空代別）としています。

技能実習からの移行でない場合は人材紹介や試験に係る費用が別にかかります。また一括払いの場合、査証取得料や航空運賃などの費用が含まれているがどうかも確認する必要があります。

3-9 受け入れ機関に求められる要件

「特定技能」の在留資格が認められるために受け入れ機関（企業等）に求められる要件について教えてください

A 大きく分けて「適合特定技能雇用契約の適正な履行が確保されているか」「適合１号特定技能外国人支援計画の適正な実施の確保がされているか」の２つが求められる要件となります。

1. 適合特定技能雇用契約の適正な履行の確保に係るもの

特定技能所属機関（受け入れ企業等）は特定技能外国人との雇用契約を適正に履行できるものとして特定技能基準省令で定める基準を満たしていなければなりません。

そのため以下の条件を満たしているかどうかについて、雇用条件書や決算文書、法人税確定申告書の写し等、様々な書類の提出が必要になります。

【図表 3-9-1】は特定技能外国人を満たすための概要をまとめています。

図表3-9-1　適合特定技能雇用契約の適正な履行の確保に係るものに関する要件

（1）労働・社会保険及び租税に関する法令の規定を順守していること

・労働基準法等の基準にのっとって特定技能雇用契約が締結されていること
・雇用保険及び労災保険の適用手続及び保険料の納付を適切に行っていること
・健康保険及び厚生年金保険等の加入手続，従業員の被保険者資格取得手続を行い，保険料を適切に納付していること。
・国税及び地方税およびその他の税を適切に納付していること

（2）非自発的離職者の発生に関する基準を満たすこと

特定技能所属機関（受け入れ企業等）が雇用している国内労働者を（人員整理などで）離職させ、その補填として同種の業務に従事する特定外国人を受け入れることは人手不足解消を目的とした本制度の趣旨に沿わないためできません。

（3）行方不明者の発生に関するもの

特定技能雇用契約の締結日前１年以内又はその締結の日以後に，特定技能所属機関（受け入れ企業等）の責めに帰すべき事由による外国人の行方不明者を発生させていないこと。

（次頁に続く）

(4) 関係法律による刑罰を受けたことによる欠格事由

次のいずれかに該当する者が，関係法律による刑罰を受けている場合には，欠格 事由に該当し，特定技能所属機関になることはできません。
① 禁錮以上の刑に処せられた者
② 出入国又は労働に関する法律に違反し，罰金刑に処せられた者
③ 暴力団関係法令，刑法等に違反し，罰金刑に処せられた者
④ 社会保険各法及び労働保険各法において事業主としての義務違反や罰金刑に処せられた者

(5) 特定技能所属機関の行為能力・役員等の適格性にかかる欠格事由

次のいずれかに該当する者は，行為能力・役員等の適格性の観点からの欠格事由 に該当し，特定技能所属機関になることはできません。
① 精神機能の障害により特定技能雇用契約の適正な履行を行うことができない者
② 破産手続開始の決定を受けて復権を得ない者
③ 法人の役員，未成年の法定代理人で本表（4）（5）（6）（7）（8）の欠格事由に該当する者

(6) 技能実習認定の取り消しを受けたことによる欠格事由

① 実習実施者として技能実習生を受け入れていた際に実習認定の取消しを受け取消日から５年を経過しない者
② 技能実習法施行前の技能実習制度において，不正行為に及んだ場合，当該行為の終了の日から受入れ停止期間を経過しない者

(7) 出入国又は労働関係法令に関する不正行為を行ったことに関するもの

出入国又は労働関係法令に関する不正行為として主に次のようなものがあります。
① 外国人に対して暴行し，脅迫し又は監禁する行為
② 外国人の旅券又は在留カードを取り上げる行為
③ 外国人に支給する手当又は報酬の一部又は全部を支払わない行為
④ 外国人の外出その他私生活の自由を不当に制限する行為
⑤ 外国人の人権を著しく侵害する行為
⑥ 偽変造文書等の行使・提供
⑦ 保証金の徴収等
⑧ 届出の不履行又は虚偽の届出
⑨ 報告徴収に対する妨害等
⑩ 改善命令違反
⑪ 不法就労者の雇用
⑫ 労働関係法令違反
⑬ 技能実習制度における不正行為
⑭他の機関が不正行為を行った当時に役員等として外国人の受け入れに係る業務に従事した行為

（次頁に続く）

(8) 暴力団排除の観点からの欠格事

暴力団員等及び暴力団員等がその事業活動を支配する者は，特定技能所属機関（受け入れ企業等）になることはできません。

(9) 特定技能外国人の活動状況にかかる文書の作成等に関するもの

特定技能所属機関（受け入れ企業等）は，特定技能外国人の活動状況に関する文書（名簿や所定の帳簿など）を作成し，業務に従事する事業所に備えて置く必要があります。

(10) 保証金の徴収・違約金契約等による欠格事由

特定技能外国人が保証金を徴収されたり違約金を定める契約を締結していることを認識している場合は当該特定技能雇用契約の締結はできません。

(11) 支援に要する費用の負担に関するもの

１号特定技能外国人に対する「支援に要する費用」は，本制度の趣旨に照らし，特定技能所属機関等が負担すべきものです。
「支援に要する費用」とは事前ガイダンス，生活オリエンテーション，相談・苦情対応及び定期的な面談の実施に係る通訳費等や１号特定技能外国人の出入国時の送迎に要する交通費等です。

(12) 派遣契約による受入れに関するもの

派遣労働者として受入れをする場合には，派遣元は当該外国人が従事することとなる特定産業分野に関する業務を行っていることなどが求められます。
なお、派遣形態での雇用が可能な特定産業分野は平成 31 年３月 20 日現在，農業分野と漁業分野に限られています。

(13) 労災保険法にかかる措置等に関するもの

特定技能所属機関が労災保険の適用事業所である場合には，労災保険に係る保険関係の成立の届出 を適切に履行しなければなりません。

(14) 特定技能雇用契約継続履行体制に関するもの

特定技能雇用契約を継続して履行する体制とは，特定技能所属機関が事業を安定的に継続し特定技能雇用契約を確実に履行し得る財政的基盤を有していることをいいます。
財政的基盤を有しているかについては，事業年度末における欠損金の有無，債務超過の有無等から総合的に判断されることになります。

(15) 報酬の口座振込み等に関するもの

特定技能外国人に対する報酬の支払をより確実かつ適正なものとするため，報酬の支払方法として預金口座への振込みがあることを説明した上 で，当該外国人の同意を得た場合には，預貯金口座への振込み等により行うこととします。

（次頁に続く）

(16) 分野に特有の事情に鑑みて定められた基準に関するもの

特定の産業分野を所管する関係行政機関の長が，その分野に特有の事情に鑑みて告示で定める基準がある場合にはその基準に適合すること。

出所：出入国在留管理庁「特定技能外国人受入れに関する運用要領」（令和２年４月）より作成

2. 適合1号特定技能外国人支援計画の適正な実施の確保に係るもの

以下の条件を満たしているかどうかについて、支援責任者および支援担当者の就任承諾書及び誓約書や、支援責任者や支援担当者の履歴書、雇用条件書や決算文書、法人税確定申告書の写し等、様々な書類の提出が必要になります。

図表3-9-2 適合１号特定技能外国人支援計画の適正な実施の確保に係るもの

(1) 中長期在留者の受入れ実績等に関するもの

次のいずれかに該当すること

① 過去２年間に中長期在留者（注）の適正な受入れ実績があり，適合１号特定技能外国人支援計画の実施に関する責任者（支援責任者）及び事業所ごとに１名以上の支援を担当する者（支援担当者）を選任する事

② 過去２年間に中長期在留者の生活相談業務に従事した経験を有するものの中から，支援責任者及び特定技能外国人に活動をさせる事業所ごとに１名以上の支援担当者を選任していること

④ ①及び②に該当する者と同程度に支援業務を適正に実施することができる者 として出入国在留管理庁長官が認めるもの

(2) 十分に理解できる言語による支援体制に関するもの

特定技能外国人が理解できる言語による適切な情報提供体制，相談体制等を整えることが必要です。ただ通訳人を職員として雇い入れることまでは必要なく，必要なときに委託するなどして通訳人を確保できるものであれば足ります。

(注) 日本国内に就労資格を持って在留している外国人

（次頁に続く）

(3) 支援の実施状況にかかる文書の作成等に関するもの

特定技能所属機関(受入れ企業等)は1号特定技能外国人支援の状況に係る文書を作成し，特定技能雇用契約の終了日から1年以上備えて置く必要がある。
「1号特定技能外国人支援の状況に係る文書」とは，少なくとも次の事項が記載されている必要があります。
① 支援実施体制に関する管理簿
② 支援の委託契約に関する管理簿
③ 支援対象者に関する管理簿
④ 支援の実施に関する管理簿

(4) 支援の中立性に関するもの

支援の適正性や中立性の確保の観点から，支援責任者及び支援担当者は1号特定技能外国人を監督する立場にないことと、受け入れ企業と当該外国人の間に紛争が生じた場合に少なくとも中立的な立場であることが求められます。

(5) 支援実施義務の不履行に関するもの

特定技能雇用契約締結前の5年以内及び当該契約締結後に当該支援を怠ったことがないことが求められます。

(6) 定期的な面談の実施に関するもの

支援責任者又は支援担当者は特定技能外国人及びその監督をする立場にある者と3か月に1回以上面談を実施することが必要です。

(7) 分野に特有の事情に鑑みて定められた基準に関するもの

特定産業分野ごとの特有の事情に鑑みて個別に定める基準に適合していることが必要です。

出所：出入国在留管理庁「特定技能外国人受入れに関する運用要領」
（令和2年4月）より作成

3-10

登録支援機関とは

技能実習制度においては、自社の海外子会社の従業員を受入れる場合以外は、「監理団体」を利用しなければなりませんでした。一方、特定技能の在留資格で外国人を受け入れる際に各種のサポートをしてくれる機関として「登録支援機関」があると聞きました。この「登録支援機関」とはどのような役割を果たすのでしょうか。また、「特定技能」の在留資格で外国人を受入れる場合には必ず登録支援機関を利用する必要がありますか。

A　登録支援機関とは、特定技能の受け入れ機関から委託契約を受けて、特定技能外国人の支援計画の作成・実施を行う機関を言います。特定技能で入ってくる際は登録支援機関を通すことは必須ではありません。

登録支援機関の活用について

技能実習制度においては監理団体が技能実習生に関するサポート活動を行っていましたが、特定技能において、この監理団体に相当（全く同じではありませんが）するのが登録支援機関です。監理団体の中には登録支援機関として登録しているケースもあります。

なお、特定技能外国人を受け入れる機関は必ずしも登録支援機関を使う必要はありませんが、支援計画の作成や外国人材へのサポートの煩雑さを考えると、登録支援機関を利用することが現実的だと考えられます。

前述の監理団体のほかにも、業界団体、民間企業や個人も、申請し認可を受ければ、登録支援機関になることができます。

登録支援機関と受け入れ機関との関係性は【図表 3-10-1】の通りです。

図表3-10-1　登録支援機関と受け入れ機関の関係性

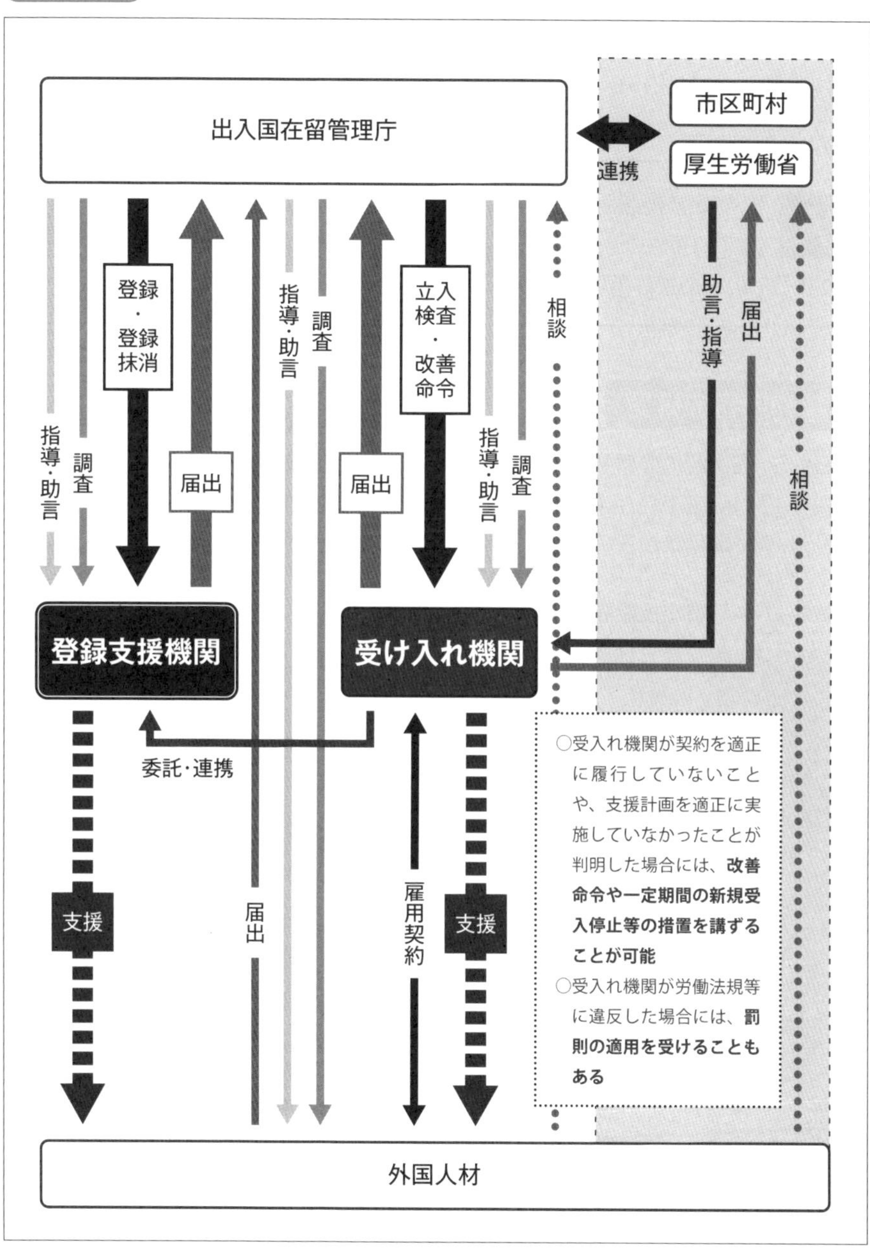

出所：出入国在留管理庁「新たな外国人材の受入れについて」（令和２年４月）を参考に作成

3-11 特定技能雇用契約の留意点

特定技能雇用契約を締結するにあたり、留意すべき点を教えてください。

A 特定技能雇用契約を締結するにあたり、留意すべき事項は大きく分けて「雇用契約に関する事項に関すること」「外国人の適正な在留に資するために必要な事項に関すること」の2つがあります。

契約内容の確認

特定技能雇用契約の概要は【図表 3-11-1】をご参照ください。

なお、これらの条件が満たされているかどうかについては「特定技能雇用契約書の写し」や「雇用条件書の写し」で確認されることになります。

図表3-11-1 特定技能雇用契約の内容の基準

雇用契約に関する事項	従事させる業務	特定技能の１号または２号の在留資格に見合った業務に従事させること
	所定労働時間	通常の労働者の所定労働時間と同等であること
	報酬等	同等の業務に従事する日本人労働者の報酬と同等以上であること
	一時帰国のための有給休暇取得	一時帰国についてできるだけ配慮を行うこと
	派遣先	派遣労働者として雇用する場合は、派遣先及び派遣の期間が定められていること 特定技能外国人を派遣形態で雇用することができる分野は,「農業分野」及び「漁業分野」とされている（平成 31 年３月２０日現在)。これ以外の特定産業分野については，特定技能外国人を派遣形態で雇用することは認められない。

（次頁に続く）

	分野に特有の事情に鑑みて定められた基準に関すること	特定分野ごとの特有の事業に鑑みて個別に定める基準に適合していること
外国人の適正な在留に資するために必要な事項に関するもの	**帰国担保措置**	本人が帰国費用が支払えない場合は、特定技能所属機関が帰国費用を負担し円滑に出国できるように必要な措置を講じること
	健康状況その他の生活状況把握のための必要な措置	安定的に日本で就労できるよう、当該外国人の健康状況・その他生活状況を把握するために必要な措置を講じること
	分野に特有の事情に鑑みて定められた基準に関するもの	個別に定める基準に適合していること

出所：出入国在留管理庁「特定技能外国人受入れに関する運用要領」（令和２年４月）をもとに作成

3-12

1号特定技能外国人支援計画

「特定技能」の在留資格で外国人を受け入れる場合は、1号特定技能外国人支援計画という計画を策定する必要があると聞きました。具体的にどのような内容で計画を策定する必要があるのでしょうか

A 1号特定技能外国人の受け入れ機関は、職業生活上、日常生活上又は社会生活上の支援（1号特定技能外国人支援）の実施に関する計画「1号特定技能外国人支援計画」を作成しなければなりません。

1号特定技能外国人支援計画に記載すべき事項としては9項目あり、それぞれについて必ず行わなければならない「義務的支援」と任意的に行う「任意的支援」があります。義務的支援はその全てを行う必要があり、1号特定技能外国人支援計画には全ての義務的支援を記載しなければなりません。

図表3-12-1　1号特定技能外国人支援計画に記載する事項

		義務的支援	任意的支援
1	事前ガイダンスの提供	業務内容、入国手続き、住居等について事前ガイダンスを行う（対面、テレビ電話等で実施、文書郵送や電子メール送信のみは不可）	日本滞在について必須ではないが知っておくとよい情報の提供
2	出入国する際の送迎	入国・出国時の送迎を行うこと等	（国内にいる外国人を受け入れる場合は）送迎を実施しない場合は、交通手段や緊急時の連絡手段を伝達すること等
3-1	適切な住居の確保にかかる支援	住居探しを補助、一人当たり7.5㎡以上の広さを確保すること等	特定技能雇用契約の解除・終了後、次の受け入れ先が決まるまでの間の住居の確保等
3-2	生活に必要な契約にかかる支援	金融機関での口座開設等生活に必要な契約手続きの補助を行う等	契約変更手続きなどの補助を行うこと等

（次頁に続く）

4	生活オリエンテーションの実施	職業生活・日常生活・社会生活を安定的かつ円滑に行えるようにするための以下の情報提供を入国後遅滞なく実施すること。 ・生活に関する一般事項 ・外国人が履行すべき届出手続 ・相談又は苦情の公共の連絡先 ・医療機関に関する事項 ・防災及び防犯急病その他の緊急時における対応事項 ・労働に関する法令規定に違反しているときの対応方法 ・外国人の法的保護に必要な事項	—
5	日本語学習の機会の提供	情報を提供し、入学手続きの補助を行う等	日本語指導・講習の積極的な企画・運営等
6	相談又は苦情への対応	相談・苦情を受けたときは遅滞なく適切に応じ、必要な助言・指導を行う	相談窓口情報を一覧にして手渡す等
7	日本人との交流促進にかかる支援	情報提供や必要に応じて同行して各行事の注意事項や実施方法を説明する等	行事参加できるよう、有給休暇付与や勤務時間について配慮する等
8	外国人の責めに帰すべき事由によらない特定技能雇用契約を解除される場合の転職支援	次の受入れ先に関する情報提供、円滑に就職活動が行えるような推薦状、就職先の紹介あっせん等	—
9	定期的な面談の実施、行政機関への通報	定期的な面談 (3 ヵ月に 1 回以上等) 等	行政関係機関の窓口の情報を一覧にして手渡す等

出所：出入国在留管理庁「特定技能外国人受入れに関する運用要領」（令和２年４月）より作成

上記は概略で支援事項の詳細については法務省のウェブサイトに掲載されている「１号特定技能外国人支援に関する運用要領」をご参照ください。

3-13

必要な各種届出

「特定技能」の在留資格で外国人を受入れる場合は、様々な手続きに関して届出が必要であると聞きました。具体的にどのような届出の提出が必要になるのでしょうか。

特定技能雇用契約の締結、変更、外国人支援計画に関する各種の届出が必要です。

提出する書類を確認する

特定技能雇用契約の締結、変更や終了や新たな契約締結の届出は、それら事実がわかる書類を添えて、その事実が発生してから 14 日以内に、当該受け入れ機関の住所を管轄する地方出入国在留管理局に届出が必要です。ただし、【図表 3-13-1】の「1 号特定技能外国人支援計画の実施状況に関する届出」については、当該計画の全部の実施を登録支援機関に委託した場合には届出は不要です。

図表3-13-1　必要な届出一覧

特定技能雇用契約に関する届出	契約変更の届出
	契約終了の届出
	新たな契約締結の届出
1 号特定技能外国人支援計画に関する届出	
登録支援機関との委託契約に関する届出	契約締結の届出
	契約変更の届出
	契約終了の届出
特定技能外国人の受入れ困難時の届出	
出入国又は労働関連法令に関する不正行為等を知った時の届出	
特定技能外国人の受入れ状況に関する届出	
1 号特定技能外国人支援計画の実施状況に関する届出	
特定技能外国人の活動状況に関する届出	

出所：出入国在留管理庁「特定技能外国人受入れに関する運用要領」（令和２年４月）より作成

3-14

罰則規定

「特定技能」の在留資格に関する罰則について教えてください。

「特定技能」に関する罰則規定は以下の通りです。

図表3-14-1　特定技能の罰則規定

対象	内容	罰則	根拠規定
法第19条の21第1項（改善命令等）	法第19条の21第1項の規定による処分に違反した者	6月以下の懲役又は30万円以下の罰金	法第71条の3
法第19条の18第1項第1号（特定技能雇用契約に係る届出）	法第19条の18第1項第1号の 規定による届出をせず，又は虚偽の 届出をした者	30万円以下の罰金	法第71条の4第1号
法第19条の18第2項第1号（特定技能外国人の氏名及びその活動内容その他の法務省令で定める事項の届出）	法第19条の18第2項第1号の規定による届出をせず，又は虚偽の 届出をした者	30万円以下の罰金	法第71条の4第1号

（次頁に続く）

法第19条の20第1項（報告徴収等）	法第19条の20第1項の規定による報告若しくは帳簿書類の提出若しくは提示をせず，若しくは虚偽の報告若しくは虚偽の帳簿書類の提出若しくは提示をし，又は同項の規定による質問に対して答弁をせず，若しくは虚偽の答弁をし，若しくは同項の規定による検査を拒み，妨げ，若しくは忌避した者	30万円以下の罰金	法第71条の4第2号
法第19条の18第1項第2号，第3号及び4号（支援計画の変更の届出，第2条の5第5項の契約に係る届出，受入れ困難に係る届出及び不正行為に係る届出）	法第19条の18第1項（第1号を除く。）の規定による届出をせず，又は虚偽の届出をした者	10万円以下の過料	第77条の2
法第19条の18第2項第2号及び第3号（支援の実施状況の届出及び活動内容に係る届出）	法第19条の18第2項（第1号を除く。）の規定による届出をせず，又は虚偽の届出をした者	10万円以下の過料	第77条の2

出所：出入国在留管理庁「特定技能外国人受入れに関する運用要領」（令和2年4月）

3-15

特定技能の労働者の社会保険と税務の取扱い

特定技能の外国人労働者における、社会保険と税務の取扱いはどうなりますか？

基本的には、日本人の労働者と同じ扱いになります。

外国人労働者の扱いは実習生とほぼ同じ

特定技能の在留資格で働く外国人労働者であっても、日本の労働者と変わらない扱いになります（技能実習生として来ている外国人の社会保険や税務について、Q2-16、17 で触れていますので、ご確認ください）。

ただし、中国から日本に技能実習生として来ている場合は、技術を習得に来ているという扱いでしたので、日中租税条約第 21 条に該当し、日本の所得税、住民税が免除になりましたが、特定技能の中国人は免税になりません。の活動内容は「労働」であり、技能実習生の「実習」には該当しないことから日中租税条約の「学生」条項には該当しないからです。

また、特定技能の在留を終えて母国に戻る際の住民税・年末調整・厚生年金の脱退一時金の扱いも、技能実習生の場合と同じです。Q2-32 ～ 34 をご参照ください。

■著者紹介

藤井　恵（ふじい　めぐみ）

元三菱ＵＦＪリサーチ＆コンサルティング株式会社
税理士

海外勤務者の給与・人事制度及び社会保険・税務・租税条約に関するコンサルティングや書籍執筆、セミナー講師、相談業務に対応。

（主な著書）
「すっきりわかる！海外赴任･出張　外国人労働者雇用」（共著、2019年３月　税務研究会）。「六訂版　海外勤務者の税務と社会保険･給与Ｑ＆Ａ」（2018年７月　清文社）、改訂新版イ・シンガポール・インドネシア・ベトナム駐在員の選任・赴任から帰任まで完全ガイド」（2017年　清文社）、「三訂版　これならわかる！租税条約」（2015年　清文社）　他

松本　雄二（まつもと　ゆうじ）

公益社団法人　経営・労働協会　JIMLS　理事

情報機器メーカーの海外営業として、また、多国籍の人々が働く欧州の現地法人の駐在員として、長きに亘って外国人と関わり、苦労を共にした経験を持つ。その後、外国人の国民健康保険に関する業務を通じて、日本に暮らす外国人に日本の制度を理解してもらうことの難しさを知る。ことばだけでなく、生活習慣や、社会の一員としての考え方の違いをマニュアルだけで教えることは不可能である。

現在、外国人技能実習生の受け入れ・監理業務に携わり、外国人の雇用の現場で起こる様々な問題に悩む企業と実習生たちの話を日々聞きながら、お互いの理解が深まることを願って奮闘中。

軽森　雄二（かるもり　ゆうじ）

公益社団法人　経営・労働協会　JIMLS　理事

９年に及ぶ銀行の海外勤務で営業、人事、事務、経理、融資を担当。元三菱UFJリサーチ＆コンサルティング　貿易投資相談部長。
2016年９月から公益社団法人　経営・労働協会にて、技能実習生の監理業務に従事。建設、惣菜、塗装、鉄工、配管などの職種の実習生を受入企業担当者とともに支援中。

（主な著書）
「海外進出のしかたと実務知識」（共著、2015年　中央経済社）
「貿易・為替のしくみ」（共著、2017年　中央経済社）

『公益社団法人　経営・労働協会　JIMLS』
JIMLSでは、人事労働に関する教育訓練（通信教育）、外国人研修生受け入れ事業、経営労働に関する調査研究、出版等の事業を行っています。ホームページ http://jimls.or.jp/

本書の内容に関するご質問は、ファクシミリ等、文書で編集部宛にお願い致します。(fax　03-6777-3483)

なお、個別のご相談は受け付けておりません。

本書刊行後に追加・修正事項がある場合は、随時、当社のホームページにてお知らせ致します。

第２版

すっきりわかる！

技能実習と特定技能の外国人受け入れ・労務・トラブル対応

令和元年７月31日　初版第１刷発行
令和２年６月15日　第２版第１刷印刷
令和２年６月30日　第２版第１刷発行

©　共著者　藤井　恵
松本　雄二
軽森　雄二

発行所　税務研究会出版局

週　刊「税務通信」「経営財務」発行所

代表者　山根　毅

〒100-0005
東京都千代田区丸の内1-8-2　鉄鋼ビルディング
振替00160-3-76223

電　話［書籍編集］03（6777）3463
［書店専用］03（6777）3466
［書籍注文］03（6777）3450
（お客さまサービスセンター）

各事業所　電話番号一覧

北海道	011（221）8348	関西	06（6943）2251
東北	022（222）3858	中国	082（243）3720
関信	048（647）5544	九州	092（721）0644
中部	052（261）0381	神奈川	045（263）2822

当社ホームページ　https://www.zeiken.co.jp

乱丁・落丁の場合は、お取替え致します。

装丁　大滝奈緒子（blanc graph）
印刷・製本　テックプランニング株式会社

ISBN978-4-7931-2553-9